行政评价法制度研究

周 实 著

东北大学出版社
·沈 阳·

图书在版编目（CIP）数据

行政评价法制度研究 / 周实著．—沈阳：东北大学出版社，2014.6（2025.4 重印）

ISBN 978-7-5517-0671-1

Ⅰ.①行…　Ⅱ.①周…　Ⅲ.①行政管理—评价—法规—研究—中国　Ⅳ.①D922.104

中国版本图书馆 CIP 数据核字（2014）第 146836 号

出 版 者：东北大学出版社

地址：沈阳市和平区文化路 3 号巷 11 号

邮编：110004

电话：024—83680267（社务室）　83687331（市场部）

传真：024—83680265（办公室）　83687332（出版部）

网址：http：//www.neupress.com

E-mail：neuph@neupress.com

印 刷 者：三河市天润建兴印务有限公司

发 行 者：东北大学出版社

幅面尺寸：140mm × 203mm

印　　张：6.25

字　　数：139 千字

出版时间：2014 年 6 月第 1 版

印刷时间：2025 年 4 月第 3 次印刷

责任编辑：刘振军　　责任校对：石玉玲

责任出版：唐敏志　　封面设计：唯　美

ISBN 978-7-5517-0671-1　　定　　价：35.00 元

前　言

我国的行政法研究已经走过了二十几载，但是总览现实中的行政，仍然存在很多问题。其中，政府的“拍脑门决策”、政绩工程仍不鲜见，纳税人对于公共资金的使用情况缺乏话语权，这些都严重影响着政府施政的威信和法制建设所需的社会心理状态。事实上，纳税人有权利知道政府每年的财政预算是多少、决算是多少，财政投入是由哪些部分构成的，各个部分的投入在财政总投入中各占多大比例，这样的比例其依据何在？另外，如果财政预决算之间有差距，产生的原因又是什么？这样的财政投入又能给社会公众带来哪些好处？纳税人不但有权知道这些社会公共信息，还应被允许参与对政府财政预决算的评价，促进行政决策的科学化和民主化。而行政管理的科学化、民主化不应该仅仅停留于道德上的说教，而且应该将其用法的形式固定下来，即建立和实施行政评价法制度。行政评价法制度即在于通过一系列的法定程序对行政行为的可行性、效果、成本、收益、时效等进行评估，从而决定是否实施或终止、撤销某种行政行为。通过提供事前、事中、事后的评价，对行政行为运作的全过程进行控制，可以有效地防止“随意决策”和“无责任决策”，从而从根源上监督行政，防止行政权滥用。

当今世界，无论是发达国家，还是发展中国家，都在推行政府的职能转变，积极倡导行政评价制度，力争通过行政评价制度的实施，创建一个具有回应性机制的政府。其目的是为了实现政府行政管理的科学化、民主化和法制化。

如何使政府的行政管理科学化、民主化、法制化早已成为一个世界性的课题。20 世纪 80 年代中期，美、英、日等国家兴起过一场“新公共管理运动”①，以市场化为取向，旨在推行绩效管理和强调顾客（行政相对人）至上，提升民众对行政的满意度的政府改革运动。公共服务的质量取决于政府各机构的工作绩效水平。居民对公共服务质量的要求越来越高，而政府机构可支配资源的增长有限，唯有不断提高工作绩效，才是满足居民需求的主要途径。新公共管理哲学家大力提倡改革公共部门、提高产品和服务效率的目的正在于此②。在新公共管理理论的指导下，行政评价（或称政府绩效评估）制度应运而生。

从 20 世纪 70 年代开始，西方国家普遍推行行政评价制度，实行绩效管理。20 世纪 90 年代，在政府绩效管理实践的基础上，将行政评价进一步规范化，逐步以法律、行政命令等形式确立了行政评价法律制度。以下是这方面的典型代表。

---

① 20 世纪 80 年代中期，美、英、日、澳、新西兰等国家针对政府管理极权化和官僚主义化所导致的垄断、低效率、财政赤字和各种社会危机，以及全球化和信息技术发展要求加强市场机制的作用等社会现实，进行了一场以市场化为取向，旨在推行绩效管理和强调顾客至上的政府改革运动。学者们把这场运动称为“新公共管理运动”。

② 简·莱恩. 新公共管理 [M]. 赵成根，等译. 北京：中国青年出版社，2004：68.

①美国1993年颁布的《政府绩效与结果法案》的立法宗旨是“规范联邦政府的战略规划制定和绩效评估”[①]，评估的内容分为顾客导向、提升服务机关的竞争力、运用市场机制解决问题、分散行政决策权力、简化预算流程、简化政府采购程序等。

②英国梅杰政府发表的《竞争求质量白皮书》和布莱尔政府出台的《政府现代化白皮书》。这些文件要求提高行政服务质量和顾客满意度，要求行政活动通过市场来检验、考核和评估，追求行政服务的高效率目标。

③日本行政评价制度主要是通过以点带面的方式建立的。即以东京都等地方行政评价制度的实施来推进和形成整个国家的行政法制评价体系。

行政评价法制度在发达国家政府改革和优化行政管理的过程中，发挥着重大作用，建立行政评价法律制度，建立一个能够科学评估，并能及时回应的绩效型政府，已经成为当今世界各国行政法改革的大趋势。

行政评价制度在各国的行政管理中日益得到重视，但是法学理论界对其进行的研究还不够深入，尤其是关于行政评价法制度的理论研究，至今还是法学界的空白。基于这样的思考，笔者对行政评价法制度的理论构建进行初步的探讨。

研究和探讨行政评价法制度的有关问题具有如下理论意义。

（1）加强对政府行政权力的监督与控制

行政评价是政府向公众展示工作绩效的机会，其显

---

① 邱霈恩．美国《1993政府绩效与结果法案》译文［J］．中国行政管理，2004（5）：28．

著特征是评价过程和评价结果的透明公开。行政评价法制度着重于以法定的程序对行政行为的可行性、效果、成本、收益、时效等进行评价，通过评估和公开行政绩效，使民主的意见反映出来，参与并渗透到行政行为、行政决策之中，形成对政府行政权力的监督和有效的控制，抑制了行政权的滥用，在相当程度上克服了行政决策的随意性，同时增加了腐败的成本和难度。

（2）推进行政程序的法制化

现代行政程序要求信息公开、听证等一系列尊重行政相对人意志，体现参与机制的制度。但是这些制度若没有行政评价，则只能说是民主原则的一种进步，远未达到实质性的阶段。因为只有通过评价，才能得到关于公开、听证等一系列制度实施情况的信息，通过信息的反馈，才能够改进程序机制，使民主不流于形式。因此，行政评价法制度是完善行政程序建设的实质点，最终将推进行政程序的法制化。

（3）实现和谐社会的法制保障

行政评价法制度不单是普通意义上对行政机关的人事（比如对公务员的考核）、经济性（如对收支情况的考查）等进行评价，还是一种延伸为对行政行为本身进行评价的法律制度。并以此作为突破口，着眼于从宏观上建立起针对公益行为的评价体系，使公共利益得到最大限度的发挥，防止公益的异化。“凡是高度发达的政治体系，都具有把暴力的作用降至最低限度的程序，用确定的渠道限制的财势影响政治体系的程序。”[①] 因此，在

① 亨廷顿．变革社会中的政治秩序［M］．北京：中国社会科学出版社，1999：21．

一定意义上，行政评价法制度可以使很多潜在的利益冲突在评价中得到缓解和解决，有利于和谐社会的构建。

研究和探讨行政评价法制度的有关问题具有如下现实意义。

（1）为行政决策提供科学依据

江泽民在党的十六大报告的第五部分，即“政治建设和政治体制改革”中强调：“改革和完善决策机制，各级决策机关都要完善重大决策的规则和程序……防止决策的随意性。”胡锦涛提出了可持续发展观的建设，党的十七大报告强调：推进决策科学化、民主化，完善决策信息和智力支持系统，增强决策透明度和公众参与度，制定与群众利益密切相关的法律法规和公共政策，原则上要公开听取意见。

温家宝在2005年政府工作报告中提出要树立科学发展观和正确政绩观，在谈到大力加强政风建设时，强调要“抓紧研究建立科学的政府绩效评估体系”。在《提高认识，统一思想，牢固树立和认真落实科学发展观》一文中，他还明确提出“要抓紧建立和完善政绩评价标准、考核制度和奖惩制度，以形成正确的政绩导向”。在2008年2月27日通过的《关于深化行政管理体制改革的意见》第五部分“加强依法行政和制度建设”中，明确提出要“推行政府绩效管理和行政问责制，建立科学合理的政府绩效评估指标体系和评估机制”。

行政评价法制度的构建，对于落实科学发展观和正确的政绩观，都有重要意义，它是一种可以防止决策随意性，改革和完善政府决策机制的程序性法律规范。行政评价法律制度一方面将行政责任与行政职权相结合，通过设立程序责任，对达不到行政绩效目标的机构让其承担法律责任；另一方面通过为行政决策提供可行性的财务分析，赋予纳税人对政府公共财政的知情权和参与权，促进行政决策的科学化和合理化。另外，对前一阶段政府行政绩效进行总结，可以获取制定本阶段目标的信息，这样，某一阶段的行政评价结果就能为下一阶段决策的制定奠定科学的基础。因此，行政评价法制度的建立，可以使行政决策得到可靠的科学依据，而不是盲目地拍板定案，而且可以对决策的施行进行全过程的跟踪，优化行政决策。

（2）以最小的成本获取最大的收益

对于各级政府来讲，国家财政的拨付都是有限的，而行政涉及的领域和范围却是庞大的。相对于有限的国家财政资金来说，政府花钱的欲望总是膨胀的。而行政评价制度最原始的出发点是从财政的角度来决定行政行为的取舍，使有限的资金运用到最有价值的地方，实现以财政支出最小化来取得公共利益最大化的目标。行政评价一般贯穿于行政的整个过程，主要围绕如何缩减财政支出，如何使财政支出的收益最大化进行。行政评价活动主要集中于以对政府管理活动的花费、运作及其社会效果等方面的测定来划分不同的绩效等级。一般从行政立项开始，通过评价程序辅助政府决策，直到最后还要对完成效果进行评价，这样就降低了行政决策和执行的风险性，一定程度上保证了行政的连贯性。在整个过程中，它通过成本收益分析，对行政活动进行系统的、全方位的评价，从而使财政的有限资金得到充分有效的利用。

（3）有利于提高行政效率

行政评价法律制度的建立，可以使行政决策及时瞄准目标，纠正因行政复杂性、现实的多因素干扰而带来的误差。行政评价的激励作用能够促使行政效率的提高，美国学者曾引用许多实践案例对行政评价的激励作用做了如下阐述："如果不考评结果，就不能区分成功与失败；如果看不到成功，就不能给予奖励；如果不奖励成功，就可能鼓励失败；如果看不到成功，就不能积累成功经验；如果辨不清失败，就不能改正；如果能够证实结果，就能够赢得公众支持。"① 虽然行政评价的存在与效率有着天然的矛盾冲突，但稳健的行政决策却有"随意性决策"无法并提的效果。

① Osborne D, Gaebler T. Reinventing Government: How the Entrepreneurial Spirit is Transforming the Public Sector from the Schoolhouse to Statehouse [M]. Mass.: Addison-Wesley, 1992: 5.

目　　录

第一章　行政评价法的概念与法律地位

第一节　行政评价法的含义

弄清楚行政评价的含义，需要从评价的含义入手。“评价，从哲学上看，与价值的关系密切，是主体对客体，与主体需要之间的价值关系的主观判断。”①

就社会历史的观点而言，评价是一种认知活动和社会实践。本质上是一种人掌握世界的意义的观念活动。它不仅要考虑作为个体人的需要，还要考虑作为社会人的需要。任何一个客观正确的评价，都离不开社会发展水平和时代观念的制约②。

一般情况下，评价与估计、估价和评估等词是同义的，这些词都包含着一种目的要求，即使用某种价值观念来分析行政行为的运行结果。具体来说，评价就是衡量评定人或事物的价值，也指评定的价值。通常通过详细、仔细的研究和评估，确定对象的意义、价值或者状态。行政评价包括如下含义③。

① 叶文虎，栾胜基．环境质量评价学［M］．北京：高等教育出版社，1994：9-10.

② 朱小雷．建成环境主观评价方法研究［M］．南京：东南大学出版社，2005：6.

③ 李东旻．网站评价方法研究［J］．情报理论与实践，2005（7）：86-88.

第一，评价的过程是一个对评价对象的判断过程。

第二，评价的过程是一个综合计算、观察和咨询等方法的一个复合分析过程。

由此可见，评价是一个非常复杂的过程。它本质上是一个判断的处理过程。Bloom 认为："评价就是对一定的想法（Ideas）、方法（Methods）和材料（Material）等作出的价值判断的过程。它是一个运用标准（Criteria）对事物的准确性、实效性、经济性以及满意度等方面进行评估的过程。"

综上，评价是指通过评价者对评价对象的各个方面，根据评价标准进行量化和非量化的测量过程，最终得出一个可靠的并且逻辑的结论。

在行政领域内，行政评价又称为政府绩效评估，因此，还可以通过政府绩效评估的含义理解行政评价的实质内涵。绩效（Performance）一词在英文中意为"履行""执行""表现""行为""完成"，在管理学中被引申为"成绩""成果""效益"，最早用于投资项目管理、人力资源管理等方面，后来又被运用到公共管理当中。政府绩效（Government Performance）指的是运用"绩效"概念衡量而得出的政府活动的效果，指政府在社会管理活动中的结果、效益及其管理工作的效率、效能，是政府在行使其功能、实现其意志过程中体现出的管理能力①。政府绩效评估就是将政府及其各职能部门的实际工作结果与绩效目标相比较，根据政府效率、管理能力、管理成本和公众满意程度等方面进行分析与判断，评价政府

---

① 颜如春．关于建立我国政府绩效评估体系的思考［J］．行政论坛，2003（9）．

组织实际工作的成果，从而对政府组织的绩效进行全面的评价。

更确切地说，行政评价是提供行政行为运行结果所带来的价值方面的信息，看其是否对既定目标或目的的实现起到了应有的作用。行政评价制度是现代行政发展科学化的量化分析方法，是行政决策的重要参考要素。行政评价最原始的出发点是从行政的角度来决定行政行为的取舍。

从语义上看，行政评价有两个层次上的含义：一是行政机关本身有些行为就是对行政相对方作出评判，比如行政机关对行政相对方的情况进行审查以评价其是否达到某种资质来决定是否发给其执照、证件；二是将其理解为一种监督行政的行为，即在行政行为作出前后或实施过程中通过一定程序对该行为涉及的问题进行评价，以作出某些决定。这里取的是后一层意思，侧重指行政主体或其他组织、公民在行政评价程序中对前一种评价行为进行再评价，评价对象不再是相对方的资质问题，而是行政主体的这一评价行为是否公正、有效率、符合程序。简而言之，行政评价又称为政府绩效评估，是指采用现代科学的研究方法，对政府或政府的某一个具体行政职能部门实施的行政行为所产生的效果、执行情况及其带来的各种影响等进行客观、系统的考查与评价的制度。

一般来说，实施行政评价的过程即通过一系列的法定（尽管以规章等“软法”形式存在，但并不影响它们在现代行政中的重要性）程序（包括指标筛选、人员配备、路径选择等）对行政行为（包括决策、执行、监督等）的可行性、效果、成本、收益、时效等进行评估，从而决定是否实施或终止、撤销某种行政行为。

行政评价贯穿在行政行为的全过程中，根据其在行政行为实施的不同阶段，将行政评价分为不同的种类，包括行政行为作出前的事前评价，行政行为实施过程中的事中评价，以及行政行为执行后的事后评价，事后评价又主要包括行政行为执行后因有新变化而进行的补充性评价以及执行中发生异化所需要的矫正性评价。

另外，法学研究视角中的行政评价和行政学研究视角中的行政评价也是有差别的。前者关注的并不是所有的评价行为，而只是那些应当用法律手段进行规范的评价行为。因为不可能所有的行政行为都有与之一一对应的明确细致的法律规范来规定，法律只作用于那些它可以作用并且应当作用的环节。行政评价法的主要作用，在于对给公共利益造成严重影响的或涉及多方利益的行政行为进行评价，论证其可行性，以减少或消除其不利影响。因而，行政评价法就是调整对行政主体作出的行政行为进行科学评价所形成的法律关系的总和。

第二节　行政评价法的法律地位

地位是一个相对的概念，有参照物才有所谓的地位。参照物的选择有多种，以自身历史为参照，有助于看清该事物的发展历程，从而更深刻地了解现在；以本领域的其他成员为参照，则有助于理解该事物在同类事物中的地位；最后跳出一个固定的领域，在各关联事物中作比较则有助于从更宏观方面认识该事物，吸取其他事物的优势，许多边缘学科的蓬勃发展就是例子。下面即从行政评价法在行政法历史发展过程中的地位、法律体系中的地位以及和其他关联学科的比较三方面，阐述笔者对行政评价法地位的认识。

首先，从历史发展过程看，行政评价法的出现反映了行政法治不断制约行政权的发展要求。在威权政治社会，首脑的意志即法。随着社会的发展，领导者个人的魅力或者能力再也无法应付日益复杂的社会经济关系，从而在行政过程中听取多方面的论证就成了一种需要。然而这种需要转变成法律上的对滥用行政权的制约制度却是民主运动和行政法本身不断发展的结果。这一点各国革命和法律制定的历史就足以说明。

另外，行政评价法的产生也反映了法律制度发展的一般性规律。法律对规范对象的规范程度、规范手段是在不断地提高、改进和趋于精确的。行政法也是如此，从 20 世纪初期单纯的惩戒性的实体法到 20 世纪中期行政程序法的飞速发展，从最初政治口号式的用语到现在立法中更为客观详细的描述性语言，不难看出，对行政权进行规范的手段（或方法）在不断进步。行政法未来的发展趋势也必然是越来越注重对行政权行使的每个细节进行更加微观的规范。行政评价法就是适应这一发展趋势而产生的，在其法律规范中，包含许多非常细致的指标要求。比如许多国家的环境影响评价法、政府环保部门颁布的环保法规规章都有关于采取测量样本的方法、开展调查的频率、进行财产惩罚的百分比的计算程序等的规定，非常详细。

其次，从法律体系本身看，行政行为的多样性决定了行政评价法表现形式的多样性。一般说来，行政程序法中都含有在行政决定作出之前必须进行评价的内容。比如要求论证、听证，要求一定程度的公民参与等。比如美国1946年颁布的《联邦行政程序法》第553节、556节、557节具体规定了制定行政法规的评价论证程序。王名扬教授认为这种“通告和评论的制定法规程序是美国当代行政法上的一个创举”[①]。但是由于受到法律本身宽泛性的局限，行政评价法更多的还是以次级法的形式出现，也就是多以法案、法规、规章等形式表现。例如，1993年美国就曾颁布《政府绩效与结果法案》(GPRA)，以立法的形式明确了对政府行政绩效评估(也就是行政评价）的相关概念和制度。

最后，从行政评价法与相关学科的关系看，它融合了新兴发展的多学科的研究成果，从而有可能开辟新的法学研究领域。

第一，它吸收了政治学中公共政策研究的成果。1947年美国管理学家西蒙所著的《行政行为：行政组织中决策过程的研究》一书第一次系统地提出了管理科学中的决策理论[②]。此后，人们才逐渐认识到在公共行政领域，政策制定（从法学的角度看是作出某种行政行为）的过程实质是一定政治系统的内部和外部各种势力间利益的分配、整合与妥协，以期达到某个预定目标的过程。在这一过程中，有许多不确定的因素如领导者个人的偏好、在团体中的魄力以及公众对某个问题的理解力等都会影响行政机关的行政行为的效果。为保证行政行为的客观性和有效性，学者们便开始了对如何控制政策的制定、执行等问题的研究。其中就演化出了如何利用法律法规促使公共政策的制定与执行建立在科学的评

---

① 王名扬．美国行政法［M］．北京：中国法制出版社，1995：348.

② 黄达强，刘怡昌．行政学［M］．北京：中国人民大学出版社，1988：147.

估基础上的制度，而这正是行政评价法研究的范畴。

第二，它吸取了法律经济学的研究成果。法律经济学又称经济分析法学或法律经济学，兴起于20世纪60年代。1960年的“科斯定理”奠定了法律经济学的重要理论基础，1972年在芝加哥大学法学院教授波斯纳（Richard. A. Posner）的《法律的经济分析》出版后法律经济学得以发展。各国政府渐次接受了他们的观点，并将相关成果运用于对行政机关活动的评估中。如20世纪80年代，美国里根政府就曾颁布1291号总统令，要求对所有新制定的规章进行成本—收益分析①。行政评价的过程其实就是对每种可能的行政方案的政治经济成本进行评估（当然有的是可以量化的，有的则只能使用描述性的语言）作出选择的过程，这必然要和经济学紧密相连。从一定的角度上看，行政评价法研究可以被认为是把经济学思想引入行政法研究领域的尝试。

第三，数学和经济学中博弈论的发展，为行政法提供了新的研究范式和实践思路，从而导致了行政评价法的诞生。博弈论最初只承认“零和博弈”（即一方的赢必然导致另一方全输），这种思想反映到行政法领域就是认为行政机关和相对人是对立的，为了规制越来越广泛的相对人的活动，行政权通过一系列委托授权法不断膨胀。到20世纪50年代博弈论的“纳什均衡”（非零和均衡，即认为在博弈中双赢的局面是可能的）理论颇为轰动，并迅速影响到社会其他方面，反映在行政法领域就是行政机关行政理念的转变，即行政机关和行政相对人之间的关系不再是绝对的对立，更加重视相对方对行

---

① 张守文．经济法学的法律经济分析［J］．法学研究，1992（5）：85.

政过程的参与以及如何才能使充满利益冲突的社会矛盾体在相互的利益博弈中达到一种均衡。基于这样的背景，对行政行为的评价越来越受重视，并得以形成一系列的法律制度。

第二章　行政评价法律制度特征的理论定位

第一节　公共性是行政评价法制度的基本内涵

行政法意义上的行政是指“公共行政”，公共性是行政权最重要的属性之一，因为国家设置和实施行政职权的目的是为了取得、发展和维护国家和社会公共利益。公共行政是在近几年政府职能转变中明确提出来的，以强调行政权的“公共”精神，公共性也构成了行政评价法制度的本质内涵。这表明，政府公共部门是整个社会公共利益的代表，它蕴涵了以公众的需求为导向，发展和完善公共责任机制与监督机制，改进管理方法和手段，从根本上改善政府服务、提高行政效率与效能、提高服务质量和公众的满意程度等行政法理念。

首先，行政评价以公共事务的管理为内容，以公共利益为价值取向。由于政府行政管理内容的多样性，行政评价的内容和范围也十分广泛，涵盖了经济、政治、社会、文化、卫生、法律等多个领域。例如，1984 年英国政府创立了国家审计办公室，在医疗、科学、教育、技术、环境、监狱等各个服务领域进行绩效评估，全面监督政府的行政决策与行政管理的实施[①]。但由于不同

① 宁有才．英国政府绩效评估及其启示［J］．行政与法，2004（3）：18．

国家的国情存在差异，行政评价的侧重点应有所区别。基于我国的情况，对政府经济决策和财政政策的评价应置于首位，着重评价政府在科学教育、医疗卫生、社会保障等方面的行政行为。从价值取向来看，行政评价法制度要求以公共利益为出发点和价值目标，因为评价政府工作绩效不是为了行政职权主体的自身利益，而是为了更好地根据公众的要求提供服务，这也是政府由权力行政向服务行政转变的必然要求。

其次，根据公众的满意程度评价行政绩效，发展公共责任机制和公民监督机制。在民主政治的制度下，政府行政就其本质而言，不是管制而是服务，行政相对人是行政活动服务的对象，政府工作的能力、水平、绩效理应根据公众的满意程度来评价。行政评价法律制度强调根据公众的满意程度评价行政绩效，以公众需求的满足为第一位的评价标准，以加强与完善公共责任机制，使政府在管理公共事务、传递公共服务和改善生活质量的方面具有竞争力为评价目的。公民作为服务的对象理应有权表达对行政服务是否满意及其满意的程度，也就是说公民有权评价行政行为，而且这种评价是行政评价的必要组成部分，这在客观上就形成了公民对政府行政行为的监督，也充分体现了行政评价所具有的公共性的特征。

一方面，从政治学“契约理论”的观点理解，政府的合法性是建立在公民与政府之间的政治契约或权力委托之上，政府应全心全意为公民服务，否则，公民有权收回委托政府行使的自己的权利。另一方面，从经济学的角度来看，公民通过纳税给予政府经济支持，政府本身不创造财富，它的运转和活动要依靠公民交纳的赋税供养[①]。政府的行政管理就是回报纳税人的方式，政府用纳税人的钱，就必须“以顾客为中心”，按照纳税人的意愿，提供令其满意的基础设施、治安、政策、法律等行政服务。

行政评价的公共性在日本的行政实践中体现得很明显，公民的纳税人意识很强，对政府的行为形成了密切的民间监督。从1994年起，日本各地陆续建立民间行政观察员制度，民众自发成立了“全国公民权利代言人联络会议”，对政府行为进行监督，要求公开财务，检查纳税人的钱到底是怎么用的。近两年，日本外务省的高额机密费用开支成为民众关注的焦点之一。机密费又叫报偿费，其中一个用途是用于支付向外务省提供信息者的饮食费、报酬等。究竟如何支出，一直没有对外公开。2001年，外务省机密费高达55亿日元，同年，发生了外务省官员滥用机密费大吃大喝并购买高级公寓的案件。这起丑闻引起了民众极大的不满，此后外务省的机密费开支大幅度减少。日本民间机构“情报公开市民中心”曾向东京地方法院提出诉讼，指控外务省不公开有关机密费的文件是不当行为。2007年2月，日本东京地方法院作出判决，要求外务省必须公开全部文件。这是日本有关机密费的首次判决，这不仅成为日本限制公款吃喝的重要举措，也使政府对公众负责的责任机制得以发展。一些地方政府开始网上公开政务，其中包括交际费的具体项目和金额，以接受民众监督。

根据公众的满意程度评价行政绩效，根据公众的需求提高行政服务质量，意味着确定了行政主体对相对人

① 赵晖．我国公共行政改革的价值取向［J］．中国行政管理．2003（9）：5-8．

负责的机制，从而提高了相对人的地位。

长期以来，我国一直强调行政机关对权力机关即人民代表大会负责，而忽略了行政主体还应向行政相对人负责这一重要方面。行政评价法制度则从根本上弥补了这一行政理念的缺失。正如有的学者指出："政府绩效评估措施是通过加强和完善政府的责任机制，来建立和发展公共责任机制；是通过政府部门自身切实承担公共责任，来让公众完完全全地履行其应履行的义务；是通过实现公共利益来加强与维护现有的基本社会秩序、增强政府公共部门的动员能力和公众的凝聚力。"①

第二节　程序性是行政评价法制度的根本属性

就其本质而言，行政评价是通过行政程序对行政行为进行监督的一种方式，因此，可以说程序性是行政评价法制度的根本属性。行政评价恰恰是以法定的形式和过程将各种行政因素转化为程序性要素并发挥决策或执行作用，以使行政行为得到有效的监督，通过这种评价连接了行政内外部之间的信息交流，改变了原本的信息不对称的状态。而行政评价所具有的这种程序性又可以将许多隐性的、不确定的、难以监控的行为转化为客观的、有证据显示的、可以监控的行政行为。这样，行政评价制度通过其程序性的属性大大增强了对行政权力监督的效力，应该说，行政评价的程序的特质对行政监督的作用是显而易见的，例如，在俄罗斯很少有公款吃喝

---

① 蔡立辉. 西方国家政府绩效评估的理念及其启示［J］. 清华大学学报：哲学社会科学版，2003（1）：76.

的现象，其主要原因是俄罗斯单位的报销手续非常严格和复杂。政府的某个部门要请人吃饭，需要完成五步手续，至少三个领导签字才能顺利报销，整个过程需耗时数个月。首先，要在请客之前填写一张“请客计划”，详细汇报去哪吃、吃什么、价格大概是多少，请客目的是什么。之后再由领导签字，经批准后才能请客。吃完后，要保留饭店提供的发票，发票上需标明吃了哪些菜、喝了哪些汤、每个菜的价格是多少，此外，还要报告请客效果如何、是否达到了请客目的等。显然，这其实就是一种对行政行为的简单监督。

还有，为防止这种评价行为的随意性和评价权力的滥用，行政评价法须严格规定评价程序以规范行政评价行为的正当进行。行政评价不是一个单一的行为，不是简单的由一个步骤就能完成的。它是由阐明评估的要求与任务、确定评估目的和可量化的目标、建立各种评估标准、根据评估标准进行绩效评估、比较绩效结果与目标、分析与报告绩效效果、运用绩效评估结果改善政府管理等所组成的行为系统，是一个由许多环节所组成的综合过程①。

行政评价在具体操作中是分阶段进行的，并且贯穿于行政行为的全过程。行政评价的过程性，决定了行政评价法要针对不同阶段详细规定评价的不同程序。行政评价一般可分为三个阶段：①事前评价。在行政决策作出前，对该决策执行过程中可能发生的费用、成本收益以及该决策行为可能带来的积极影响和消极影响进行预

---

① 蔡立辉. 西方国家政府绩效评估的理念及其启示［J］. 清华大学学报：哲学社会科学版，2003（1）：76.

测评估；②事中评价。对行政行为执行过程中产生或执法人员发现的问题及时提供调整参考方案予以解决；③事后评价。对行政行为实施完毕后实际产生的效果，公务人员的行政能力、执行水平以及行政决策的长处与短处等进行评价。由此可见，行政评价并非仅仅针对各种行政行为实施后所产生的结果，而更侧重于对政策形成过程和行政行为实施程序的合法性、公正性的评价。

行政评价法作为行政法新兴的一个部门法，应归入行政程序法范畴。行政法按权利义务的性质可分为行政实体法和行政程序法。具有实体权利义务性质的行政法规范属于行政实体法，具有程序权利义务性质的行政法规范属于行政程序法。行政评价法主要规定有权实施评价行为的各种机构在行政评价程序方面的权利和义务，即规定评价主体有权对哪些行政行为实施评价，在多长期限内、采取什么方法和步骤进行评价等。可见，行政评价法主要涉及程序事项，而非实体权利义务。因此，行政评价法属于行政程序法。这一点在已建立的行政评价法律制度中明显地体现出来。例如，美国在 1993 年颁布的《政府绩效与结果法案》（简称《结果法案》）规定了具体的程序性操作方案和明确的实施策略、实施步骤。《结果法案》的“战略规划”部分先列出需执行的既有法则、法条，然后说明本法的报告时限、负责人、执行者和机构、报告的流向及详细的使用规范。美国《结果法案》的程序性使得该法案具有显著的可操作性特征，迅速地被美国联邦政府各主要机构、州和地方政府以及其他公共非营利部门所采用，并取得很大成效。

第三节 效率、成果是行政评价法制度的核心

我国建立行政评价法制度应以效率、成果概念为核心，同时注重效率与公共性、效率与程序性的平衡。

行政效率，是理论界历来关注并频繁讨论的一个问题。近年来，西方国家对这方面的研究取得了突破性进展，确立了“政府绩效”这个范畴。各国纷纷制定行政评价法律制度，运用科学的方法、标准和程序，对政府机关的业绩、成就和实际工作作出尽可能准确的评价，并在此基础上对政府绩效进行改善和提高。一般来说，行政效率分为宏观、中观和微观三个层次，其绩效要求是不同的，但有一点在当代国际行政管理实践中形成了共识，即“3E”标准：经济性、效率和效果性（Economy，Efficiency，Effectiveness）。“3E”涉及政府管理活动的四个方面：成本、投入、产出、效果。政府部门从事管理活动耗费的人力、物力、办公设施和设备等是投入；获得和维持这些人力、物力、设备所花的资金就是成本；产出既可以是决策活动的产出，如出台的法规、实施细则和计划，又包括执行活动，如建设项目的审批、对违规企业的处罚、新技术的推广等；效益则主要体现为社会经济等方面环境的改善，企业和公众满意程度，人民生活的舒适程度等[①]。效率即在这种成本—效益分析中形成的。

效率原则是行政法制度的基本原则之一，但在我国

---

① 中国行政管理学会联合课题组．关于政府机关工作效率标准的研究报告[J]．中国行政管理，2003（3）：8．

行政法实践中却未能受到足够的重视。虽然我国历次政府机构改革都强调提高行政效率，但只是停留在较为抽象的层次上，缺乏较具体、可操作的政策性指导，更没有相应的法律、法规和相关政策作为制度保障。在市场经济条件下，企业为了追求利润的最大化，会主动提高效率，以节约的成本投入去换取尽可能大的收益；然而，政府作为公共利益的代表，却不愿意以高效率和低成本去获取高效益。如果没有任何约束，行政主体可能会倾向于利用手中的职权，以低效率和高成本的投入去换取低效益，并从中获取个人私利的最大化。因此，要求政府自觉地以效率标准指导行政行为，就必须建立一种硬性机制来约束政府，督促政府提高行政效率。

行政评价法制度确立以效率、成果为核心，这是提高行政绩效的保障。在行政评价制度下，每一项绩效评估都是指向某一级政府或某一个政府部门所具有的特殊职能。所以，任何一项行政评价都有其评估指标体系、评估项目划分与绩效等级划分标准。这个指标体系包含两个方面：一个是量的方面，即政府在其行政职权领域内实施了多少行政行为；一个是质的方面，即政府怎样完成行政行为，其行政行为产生怎样的社会效果。行政效率反映了社会对政府行政管理量的要求，行政行为产生怎样的社会效果反映了社会对政府行政管理质的要求。因此，行政评价包含的量和质两个互相统一的方面也就是评价的核心标准——效率与成果。

在我国市场经济体制的背景下，以效率为核心来评价政府行为，就是要求政府在行政过程中建立一种市场竞争机制。一方面，通过严明的效率标准给予政府适当的压力，对政府的权力加以限制与制约，在地方政府与其他地方政府或政府部门之间建立竞争机制，从而保证政府对公众负责，提供更高水平的服务。另一方面，要求政府打破对公共事务管理和公共服务供给的垄断，放松规制，下放政府部分权力，在政府部门和私营部门展开竞争，从而创造市场动力，利用市场机制解决行政效率低下的问题。

同时，行政评价法制度以成果为核心来评价政府行为。传统政府管理的特征之一是重视过程忽视结果，这主要表现为：①关注的焦点是投入要素，预算与工作结果没有很好地联系在一起；以组织活动的数量和规模为判断工作成绩的标准，忽视这些活动所产生的实际效果。②过程取向的控制机制，即上级对下级的控制着眼于过程而不是结果，导致按命令行事的心理。③规则为本的服从意识，即评价工作人员的主要标准不是看他们的业绩和对组织目标的贡献，而是看他们能否严格遵守规则[①]。行政评价法制度则以“结果为本”的理念作为基础。行政评价法制度要求对结果进行科学的量度，按效果而不是按投入拨款；以取得的成果而不是以投入要素作为判断政府部门的标准；改变以过程为导向的控制机制，谋求以结果为导向的控制机制。戴维·奥斯本（David Osborne）和特德·盖布勒（Ted Gaebler）曾有一段话说明考评政府绩效的重要性：“如果不考评结果，就不能区分成功与失败；如果看不到成功，就不能给予奖励；如果不奖励成功，就可能鼓励失败；如果看不到成功，就不能积累成功经验；如果辨不清失败，就不能改正；

---

① 中国行政管理学会联合课题组．关于政府机关工作效率标准的研究报告［J］．中国行政管理，2003（3）：9．

如果能够证实结果，就能够赢得公众支持。”[①]

一方面，行政评价法制度要注重效率与质量的平衡。行政评价法制度具有公共性的内涵，公共性使得追求行政效率与追求行政服务质量之间存在潜在的冲突。对于政府而言，以效率为核心意味着用最少的资金投入完成尽可能多的行政管理活动。但是，如果仅仅关注效率，忽视公共性的基本内涵，评价所带来的后果将是政府完成了大量内容低劣、公众不满意的行政服务。行政评价制度包含的根据公众的满意程度评估行政行为和提高行政服务质量的要求是第一位的，而效率是第二位的，以效率为核心的评价标准只有用来满足公众需要和实现公共利益时才有意义。公共服务的质量，取决于政府各机构的工作绩效水平。居民对公共服务质量的要求越来越高，而政府机构可支配资源的增长有限，唯有不断提高工作绩效，才是满足居民需求的主要途径。新公共管理哲学家大力提倡改革公共部门、提高产品和服务效率的目的正在于此[②]。行政评价法制度是一种为发展公共责任和追求顾客至上、结果导向而设立的行政法制度，它将行政相对人的需求作为政府实施行政行为的基础。而效率只是评价政府行为对公众需求满足程度的指标。因此，在以效率为核心进行评价，追求行政高效率的同时，要注重效率与质量的平衡，提高行政服务的质量水平。

---

① Department of Management & Budget, Fairfax County, Virginia, the USA. Fairfax County Measures Up: A Manual for Performance Measurement [M]. Eighth Edition, 2004.

② 简·莱恩. 新公共管理 [M]. 赵成根，等译. 北京：中国青年出版社，2004：83.

另一方面，行政评价法制度要注重效率与程序的平衡。在行政法制中，程序与效率的追求是难于一致的，有时甚至相反，即程序会导致低效率。对于二者的关系，理论界对于程序、效率常存在以下误解：①认为只存在程序而不存在效率；②认为程序贯穿于行政法始终，程序是永恒的，而效率只是一个细节问题；③认为效率附属于程序，效率不能离开程序而具有独立价值[①]。这些错误观念导致我国行政活动中文山会海，办事互相推诿，凡事必请示汇报，致使官僚主义盛行，行政成本增加，行政效率低下。笔者认为，效率是第一位的，程序作为效率的载体是第二位的，程序为效率服务。行政评价法制度之所以将效率作为评价行政行为的核心，是由于行政主体对利益的追求是永恒的，其最高目标是投入最少的成本获取最大的社会效益。行政权行使的成本、行政效率问题应放在首位，而行政程序作为成本的模式附着于成本，是第二位的。行政程序以效率为前提，为行政效率服务，是促成效率的条件，只有有效率的行政程序才是正当的程序规则。所以，在实施行政行为过程中，遵循程序规则的前提是要保证行政高效率，坚持效率是行政评价的核心，同时注重效率与程序的平衡。

第四节 行政公开是行政评价法制度的基本原则

行政公开（Administrative Openness）是第二次世界

① 关保英．行政法的价值定位［M］．北京：中国政法大学出版社，1999：86-88．

大战后行政法发展的新趋势，是当代行政法的基本原则之一。它是指政府行为除依法应保密的以外，应一律公开进行，允许新闻媒介依法采访、报道和评论，政府行为具体包括行政法规、规章、行政决策以及具有普遍约束力的规范性文件等抽象行政行为、行政主体作出的直接影响相对人权利义务的具体行政行为和行政会议及其过程。行政公开涉及的内容范围相当广泛，它是贯穿于各种行政法律制度的一项基本原则。行政评价法制度作为行政公开的内容之一，不能脱离公开制度而存在，当然地应贯彻公开原则。行政公开原则与行政评价法制度结合实施，成为当代行政法改革中新的有益探索。

首先，行政公开是行政评价的本质要求。

行政评价法制度强调根据公众的满意程度评价行政绩效，以公众需求的满足为第一位的评价标准，加强与完善公共责任机制，使政府在管理公共事务、传递公共服务和改善生活质量方面具有竞争力。行政评价包含服务至上和顾客至上为导向的理念，在本质上要求政府重视管理活动的效率与质量，增强对公众需求的回应力。公众只有更完全地了解政府及其活动，才能作出客观的评定；政府只有更完全地了解公众，才能为他们提供所需要的服务。这就需要在行政实践中倾听顾客的声音，按照顾客的要求提供服务，让顾客自由地作出选择。行政机关主动向社会公众公开各种公共信息，赋予相对人对行政决策的发言权，允许公众参与行政管理过程，这是实现行政评价目的的最佳方式之一。只有通过行政公开，才能使公共信息在政府部门之间、政府部门与公众之间进行顺畅的交流与沟通，只有及时公开信息，并准确收集、反馈信息，才能根据顾客的需求提供行政服务，提高服务质量。1993 年 9 月，时任美国总统的克林顿签署了《设立顾客服务标准》（Setting Customer Service Standards）的第 12862 号行政命令，责令联邦政府部门制定顾客服务标准，其中包括：①分辨谁是或应该是联邦政府部门服务的顾客；②调查和审视顾客所希望的服务种类、服务质量以及他们对服务的满意程度；③将服务水平和评估结果告诉顾客；④为顾客提供选择公共服务的资源和选择服务供给的各种手段；⑤建立信息系统、服务系统和有利于顾客抱怨及其意见反馈的系统；⑥提供各种有效的途径，让顾客表达抱怨与意见[①]。这充分表明，信息公开是开展行政评价制度所必然选择的一种方式，公开是由行政评价的本质决定的。这种公开的行政评价制度为改善政府与公众的关系，加强公众对政府的信任，建立更有回应性、责任心和效率的政府作出了不可估量的贡献。

其次，公开是行政评价的显著特征。

行政信息公开是行政评价的本质要求，同时，行政评价本身也是一种信息的交流与沟通，是一种信息活动。公开正是这种信息活动的显著特征，没有行政公开就没有行政评价法制度的存在。在行政评价法制度下，这种公开性不仅包括行政主体作出行政行为的过程及提供各种公共服务的过程必须置于公众、立法机关、司法机关、新闻媒体的检查、调查和监督之下，而且包括向公众公开行政管理和行政服务供给过程中的输入、输出、中期成果、最终成果以及最终的绩效评定结果。信息公开体现在政府部门之间、政府部门与公众之间进行

① 朱火弟，蒲勇健. 政府绩效评估研究［J］. 改革，2003（6）：18-22.

信息交流与沟通的过程中，其内容主要包括以下几个方面：①政府部门内部各种信息的传递与沟通；②政府部门向公众传递的各类信息，如政府机构的组成、职能、办事规程、政策与法规、服务种类及质量、重大决策过程等；③公众向政府部门传递与反馈的信息，如对服务种类和服务质量的满意程度、抱怨、建议、对公共服务与资源的选择等[①]。在行政评价法制度下，政府通过公开各种信息向公众展示其工作成果，公众通过公开地评价政府向政府反馈其接受服务后的感受并提出意见，政府收集各种意见后再将评价结果公之于众，从而形成有效的参与和监督机制。换言之，行政评价法制度的导入意味着在行政主体与相对人之间建立了一种沟通机制和回应机制，政府在治理过程中建立了公众的参与机制、监督机制和以公众需求为导向的行政服务供给机制。

在当今数字时代，信息技术在行政评价中的广泛运用使得大量的信息在短时间内完成交流与沟通成为可能。政府可以运用电子、数字技术，通过网络来进行信息的公开流动。美国在《国家绩效评论》中首先提出了构筑电子政府和政府在线服务的发展目标，成为电子政府建设的发起者，并很快发展到英国、奥地利、加拿大、荷兰、芬兰等国家以及欧盟等国际组织。网络公开的方式促使行政评价法制度进一步发展与完善，有效提高了政府收集、处理信息的能力和对公众的回应力，为我国行政评价提供了有益的借鉴经验。

同时，行政评价推动了行政公开的深化，变被动公

---

① 蔡立辉. 西方国家政府绩效评估的理念及其启示 [J]. 清华大学学报：哲学社会科学版，2003 (1)：80.

开为主动公开。建立行政评价法制度，有利于将政府行为以自身规则为导向变为以社会公众需求为导向；将政府对上级负责转变为对公众负责，建立广泛的公共责任机制；将政府对公众的治理地位转变为公众对政府的参与和监督地位。在这种关系定位下，政府公开信息的动力大大提升，变“要我公开”为“我要公开”。因此，行政评价法制度的确立必将促进行政公开制度的进一步深化，推动行政公开法制的立法进程。

第三章 美国行政评价法制度的实践与启示

第一节 美国行政评价法的发展历史

研究各国政府绩效评估制度的发展情况，不能不提及美国。美国是较早的将政府绩效评估制度化、法制化的国家之一，并取得了较好的效果。这将有启发和借鉴的意义。

美国是世界上最先探索政府绩效管理的国家之一，美国政府绩效评估的实践至今已有近百年的历史，早在19世纪末，由于许多地方政府腐败的事件被陆续曝光，通过财政预算控制地方政府绩效的呼声便开始出现。1906年，布鲁尔等人发起成立了纽约市政研究院，力图把行政资源、组织规划和管理联系起来，运用效率工具对政府或政府部门的绩效进行评估。1907年，纽约市政研究院首次把以效率为核心的绩效评估技术应用到纽约市政府，运用社会调查、市政统计和成本核算等方法和技术，建立了三种类型的绩效评估：其一，评估政府活动的成本与投入；其二，评估政府活动的产出；其三，评估社会条件，有时对社会需求进行评估，有时对政府活动的结果进行评估[①]。20世纪40年代，在胡佛委员会

① 朱立言，张强．美国政府绩效评估的历史演变［J］．湘潭大学学报，2005（1）：1．

的推动下，理论界与实践部门对绩效评估与绩效预算的关注进一步提升[①]。

但美国政府绩效管理的真正兴起是在20世纪70年代，此后在20世纪90年代达到高峰。最终在1993年美国颁布了《政府绩效评估与结果法案》（Government Performance and Results Act，简称GPRA)，这表明美国政府的绩效改革进入了成熟阶段，GPRA作为美国政府绩效管理的基本法律，全面规定了实施政府绩效管理的目的、内容、实施进程等内容。该法案的目的是为了提高美国公民对联邦政府能力的信任，通过提高服务质量和公众满意度来改进联邦政府的效力和公共责任。这同时也表明了法制化是美国政府绩效评估的一大特征。与绩效评估相关的法律制度，还包括联邦政府的《首席财务法官案》《政府绩效与结果法案》《联邦采购简化法案》和《联邦财政管理改进法案》以及州政府与地方政府的一些相关立法，如伊利诺伊州的《机构绩效评审法案》、路易斯安那州的《1997年路易斯安那政府责任法案》等。

克林顿政府时期，还成立了以副总统戈尔为首的国家绩效评审委员会（NPR)，作为负责推动联邦政府绩效改革的主要负责机构。1993年9月，国家绩效评审委员会制定了第一份报告——《从繁文缛节到结果导向：创造一个花钱少、工作好的政府》（即著名的“戈尔报告”)，这一报告成为联邦政府绩效改革的具体行动指南，它被视为对GPRA的进一步深化与细化。

---

① Charlie Tyler. Symposium Introduction [J]. Public Budgeting, Accounting & Financial Management, 2000 (3): 10.

第二节 美国行政评价制度的实践与特色

美国政府绩效评估制度发展到今天已渐显其成熟态势，从其发展过程中，呈现出了其特色，值得我们予以借鉴。

一、强调评价主体的多元化

由于美国特殊的历史，民众与政府之间形成了“政府是不可避免的罪恶”的民间传统观念。根据美国 1993 年的民意调查显示，只有 20%的受访者表示相信联邦政府在做正确的事情，同时发现一般的美国人认为联邦政府浪费了 48%的税收收入①。所以自 20 世纪 90 年代以来，美国政府始终持“以公民为中心、多元主体共同参与”的绩效评估价值导向，比较重视民间评价的作用。

在美国除了由官方评价外，民间评价也确实发挥了重要作用，而民间机构的介入是美国政府绩效评估的一个显著特征。事实上，也是由民间机构率先对政府工作进行评价，进而促使政府主动开展绩效评估的。其中，较为著名的当属 20 世纪 90 年代初成立的坎贝尔研究所，其绩效测评侧重于政府组织，先后开展了大规模的政府绩效评估，并对外公布分数和名次，颇有影响。其评估内容包括：财政管理、人事管理、信息管理、领导目标管理、基础设施管理等方面②。

---

① 戴维·H. 罗森布鲁姆，罗伯特·S. 克拉夫丘克. 公共行政学：管理、政治和法律的途径［M］. 张成福，等译. 北京：中国人民大学出版社，2002：10.

② 范柏乃. 政府绩效评估——理论与实务［M］. 北京：人民出版社，2005：84-85.

财政管理主要包括政府的举债能力管理是否符合法律规定的比例；退休金管理是否得当，其投资部分有没有如期如数收回的保障；现金管理是否得当，以及项目管理是否合法等。

人事管理主要包括行政人员的等级工资制度和公务员的甄选及退休制度等。

信息管理，对于此项的考评主要看计算机在政府工作中的应用率及其起到的作用。

领导目标管理则主要评价领导者战略计划制定得是否科学和可行、完成得如何、有什么样的推进措施、正负面的效应如何。

基础设施管理主要包括市政、环保、治安、教育、科技等方面政策法规的制定和实施是否及时而有效。

坎贝尔研究所通过调查进一步确定了评价体系和标准，首先，针对重要任务的指标，由专家提出评价指标，指标应尽量细化、可测量。其次，评价结果应充分反映年初目标计划的执行情况；还有，评价结果应及时传达给公众。这种民间评价机构取得了较好的收效，被评价的州、市政府和民众对评价结果的认可率曾一度高达 92%[①]。

除此之外，其他的民间机构也发挥着重要作用，例如政府会计标准委员会（Government Accounting Standards Board）作为一个非政府机构，是美国注册会计师协会承认的拥有制定州与地方政府的一般可接受会计准则权力的唯一实体，从 20 世纪 80 年代后期开始，该委

① 母天学. 对美国政府绩效考评活动的考察［J］. 行政论坛，2001（5）：79-80.

员会定期发布针对州与地方政府绩效报告的分析，体现了非政府组织对政府绩效改进的贡献[①]。还有，哈佛大学等高校也一直关注和研究政府部门的绩效评估情况，他们提出了各自有关政府部门绩效评估的理论、方法、指标体系和步骤等，并以这些理论为指导，在地方政府中开展测评活动。

美国的地方政府也是如此。例如，美国的凤凰城地方政府绩效评估是在开放式参与的情况下推进的，不仅包括部门内部员工、部门管理者、议会（民选官员）等官方参与，还包含了大量的公众、社会团体和学术组织的参与，体现了评价主体的多元化。

二、顾客本位与公民参与

面临着顾客对政府“信心落差”的危机，美国逐渐由生产者社会向顾客社会转变，在20世纪60年代初建立起了以顾客为导向的社会，强调顾客本位的理念，民众是政府的顾客，注重顾客的态度、期望和满意度，并用无缝隙的政府来再造官僚机构，为顾客提供个性化的选择和多样性的参与，与顾客保持密切的直接联系。

而政府的绩效评估正是建立在这样的基础之上的，1993年9月，时任美国总统的克林顿签署了《设立顾客服务标准》（Setting Customer Service Standards）的第12862号行政命令，责令联邦政府部门制定顾客服务标准，要求政府部门为顾客提供选择公共服务的资源和选

① 张燕君. 美国公共部门绩效评估的实践及启示［J］. 行政论坛，2004（3）：88.

择服务供给的手段①。这些手段包括：①分辨谁是或应该是联邦政府部门服务的顾客；②调查和审视顾客所希望的服务种类、服务质量以及他们对服务的满意程度；③将服务水平和评估结果告诉顾客；④为顾客提供选择公共服务的资源和选择服务供给的各种手段；⑤建立信息系统、服务系统和有利于顾客抱怨及其意见反馈的系统；⑥提供各种有效的途径让顾客表达抱怨与意见。根据该行政命令，顾客至上意味着联邦政府为美国人民提供能够得到的最高质量的服务。1994 年美国国家绩效评估委员会专门出版了《顾客至上：为美国人民服务的标准》。布什政府同样坚持“政府应该是以公民为中心、以结果为导向、以市场为基础的”②，这也使得政府绩效评估的重心转向服务质量指标和公众/顾客满意度指标③。因此，良好的绩效考评系统应该能够回答三个问题：“做到了什么？做的时候效率如何？居民得到了什么益处？”④

顾客本位的思想体现在一些评价标准里，而公民参与则融入到评价程序之中，这正是政府回应性的体现，从美国政府高度重视民意调查来看也足以说明这一点。公民参与的主要途径是设计公民调查问卷，开展公民满意度调查。美国衣阿华州开展了“公众发起的绩效评

① 朱火弟，蒲勇健．政府绩效评估研究［J］．改革，2003（6）：18-22.

② Dan Blair. Working for Results：the American Experience in Enhancing Government Performance. Paper for DECD-Germany High-Level Symposium［C］. 2002（3）：11-12.

③ Osbprene D，Plasreik P. The Reinventor's Public Service：the Values Statement as Centerpiece［M］. San Francisco，CA：Jossey-Bass，2000：36.

④ Department of Management & Budget，Fairfax County，Virginia，the USA. Fairfax County Measures Up：A Manual for Performance Measurement［M］. Eighth Edition，2004.

估”项目，鼓励公民参与，公众评估小组通过焦点讨论小组、公众会议、市民调查等方式建立正式的反馈机制，增加公民和政府之间的沟通。根据不同政府部门的制度设计，社会公众也可以直接为部门提供绩效反馈。比如，警察局可以通过和公众对话，界定自己的工作焦点以及他们需要衡量的方面。

公众参与在美国县级政府绩效评估中的力量也不可小觑。在温斯顿斯姆县的绩效评估中，其成立的市民效率监督委员会起到了监督市政府提供的所有服务的效率和效益的作用。1998 年成立的市民效率监督委员会主要有 7 个不同功能的小组组成，成员包括 10～15 个来自商业、大学的市民以及志愿者。雇员和顾客的加入，主要是为了鉴别政府的哪些活动比较低效或高效，解决哪些活动应该以不同的方法开展，雇员工作需要什么工具，各部门工作如何变得有效率等问题。它的主要职责是监督政府提供的所有服务的效率和效益确定降低成本和提高服务质量的方法。市民效率监督委员会提出的若干建议也促进了绩效指标的发展和使用：第一，它建议各部门的绩效报告应表明在公众服务上削减预算的影响；第二，号召增加某些市政服务的评估标准；第三，倡导有规律地升级信息技术来获得更多信息；第四，建议定期对市民和顾客进行满意度调查，通过调查制定标准，使得绩效方面的进步可以测量。公民效率监督委员会的大部分提议都被采纳或已在实施之中，极大地支持了温斯顿斯姆县的绩效评估工作[①]。随着市民效率监督委员会

① Report of the Citizen Effectiveness Committee［EB/OL］.（2004-03-02）［2007-12-10］. http：//www.ci.winston-salem.nc.us/ooe/download.htm.

的发展壮大，公众参与到了政府绩效评估的各个环节和预算过程之中，使公众有机会知道自己缴纳的税款用于什么地方。同时，市民效率委员会还通过市民调查的方式对政府项目、服务和包括评估指标在内的绩效评估的满意情况进行评估，以提高公众的满意度，并用来向政府提出提高效率和效益的建议，作为设置绩效评估指标的参考数据。

威廉王子县的市民调查报告会公布公众对政府提供的服务水平和质量的满意程度，焦点主要集中在生活质量、对服务和税收的满意度、政府行政、公共安全、娱乐和文化服务等方面，使公民参与到绩效评估中来①。

此外，还可以由独立于政府的第三方组织进行绩效评估，美国民间机构坎贝尔研究所自 1998 年以来就与美国《政府管理》杂志合作，每年对各州或市的政府绩效进行评估，并发布评估报告，引起了政府和民众的广泛关注。一些州政府对部门年终业绩进行评估时，也往往请专门的社会评估机构参与。

三、侧重于结果导向的项目评估

美国的政府绩效评估不仅重视效率即投入与产出的比率，更重视政府财政支出的结果。美国的《政府绩效评估法案》中所规范的年度绩效计划中就要求建立绩效指标，用以测量或评定每一项目行动的相关产出、服务水平和结果。显然，为了避免“究竟谁好谁坏”的无谓

---

① Prince Williams: Service efforts and accomplishments report 1993 to 1998 [EB/OL]. (2003-02-10) [2008-03-10]. http: //www.pwcgov.org/budan/sear/default.htm

争论，该法案仅定义了两种类型的绩效测量方法，即对产出（Output）和结果（Outcome）的测量。1993 年美国《国家绩效评论》把行政评价界定为“政府官员对结果负责，而不是仅仅对过程负责”①，这就是把公务员从严格遵守繁文缛节和行政规则中解脱出来，发挥其积极性、主动性，最终对行政行为的结果负责。一个对美国县级政府使用绩效评估的调查统计结果显示，在人口超过 5 万的 209 个县中，34％的县实施了绩效评估，其中大约 64％的县级职能部门使用产出指标，另有 45％使用结果指标②。从较为典型的俄勒冈州 1989 年推动的一项“标杆管理计划”中，便容易看出其结果导向的作用。标杆是由一个个独立的指标组成的指标体系，这些指标是用来评价俄勒冈政府的战略项目的进展情况的，能使州及地方政府机构、服务机构及市民关注对诸如婴儿早期发育情况、大气与水质量、人均国民生产总值等结果的改善，以标杆作为参考底线，通过长期地注重结果导向，并对结果进行跟踪考察，对一些指标进行不断的修正与补充③。

美国凤凰城的绩效指标有两种：一是衡量单一部门工作的指标，二是衡量构成整个城市系统的关键指标。这两种指标都以结果为导向，即从公众的角度出发，把所有的指标都落实到对最终成果的测量上，并具体细分

① National Performance Review（NPR），Washington 1993［EB/OL］．（2002-04-03）［2006-10-10］．http：//www.npr.gov/library/reports/it.html.

② Berman，Evan & Wang，Xiao Hu. Performance Measurement in U.S. Counties：Capacity for Reform［J］. Public Administration Review，2000（5）：409-420.

③ Salem. Oregon Benchmarks：Standards for Measuring Statewide Progress and Institutional Performance［M］. Oregon：Oregon Progress Board，1994：56-65.

为公众的满意度、工作成本、工作完成的时间周期、使命或任务四类。凤凰城根据结果信息制定组织的战略计划、监控和调整工作进程、展开公平合理的竞争①。

此外，美国费尔法克斯县重视绩效考评，并使其为该县发展战略的制定和实施服务。在绩效考评与战略规划之间建立逻辑联系：战略规划是展望未来（通常二至五年）的过程。在这一过程中，需要明确组织为什么存在——使命（Mission）；组织实现使命之后看起来会是什么样——愿景（Vision）；完成愿景需要采取什么具体步骤——宏观目标（Goals）。说明战略计划是否实现的数据为绩效指标（Performance Measures）。绩效考评有助于把组织的使命、愿景和战略，转化为具体的微观目标（Objectives）。费尔法克斯县把这个综合过程称为结果管理（Managing for Results）。在费尔法克斯县的绩效考评中采用了结果管理（Managing for Results）的方式，通过结果管理过程，提升绩效，追求卓越，为居民提供杰出服务。在结果管理的模型中，包括战略规划（使命、宏观目标、微观目标）、项目规划（机构使命、机构项目、机构宏观目标、活动行动计划）、结果评价（投入、产出、效率、服务质量、结果）、监控管理结果（汇编数据、确定成本、记录服务水平、确认标准、常见服务差距）、结果预算（选择对象、制定战略、配置资源、实施战略）、报告与评估结果（在预算报告或另一份报告中公布、服务付出与收益报告、核对）、再战略规划以及再项目规划等这样一个连续的、不断进行的

---

①　陈国权，王柳. 基于结果导向的地方政府绩效评估［J］. 浙江学刊，2006（2）：12.

循环过程，在循环中改善工作，提高政府机构服务水平[①]。结果管理的关键环节是结果评价，而结果评价的重点工作应该是数据收集。在收集数据或考评绩效过程中，应该注意坚持"SMART 原则"：战略性（Strategic）、可测度（Measurable）、精确性（Accurate）、可靠性（Reliable）和时效性（Time-Based）[②]。

四、地方实践为先导

美国在 1993 年颁布的《政府绩效与结果法案》给各州、市政府绩效评估工作以充分的法定自主权，这使得各地政府绩效评估各有特色。各州政府在绩效评估和绩效管理方面也获得了非常大的成功。美国会计标准协会（GASB）和美国国家公共行政学院（NAPA）在 1996 年联合进行了一次广泛的政府绩效状况调查，调查结果显示，通过立法或行政政策，50 个州中的 47 个州已经建立了绩效评估和绩效管理制度；83%的州政府部门和 44%城市政府已经建立了各种形式的绩效评估制度；65%的州政府部门和 31%的城市政府已经建立了评估产出或结果的绩效指标[③]。

纽约州政府视绩效考评为雇主与雇员共同协商讨论发展大计和雇员工资与职务晋升的有效机制；纽约州教

① 王建民. 美国地方政府绩效考评：实践与经验——以弗吉尼亚州费尔法克斯县为例［J］. 北京师范大学学报：社会科学版，2005（5）：107-111.

② Performance Measurement Team, Department of Management and Budget 2004. Fairfax County Manual for Data Collection for Performance Measurement［EB/OL］.（2001-10-08）［2008-12-10］. http://lib.harvard.edu.From Harvard University Librarye-resources, in January, 2005：1.

③ 朱立言，张强. 美国政府绩效评估的历史演变［J］. 湘潭大学学报，2005，29（1）：1-7.

育局设置了季度绩效考评，集中在一个会场采用问答式考绩的方式，围绕着你做了什么，达到了什么程度，你所做的事对完成全年目标有什么推动作用等展开的；弗吉尼亚州费尔法斯郡努力使评估成为激励机制，还将培训与创新发展相结合，建立起丰富的数据资料库①。这种鼓励地方实践的做法，更有助于探索科学统一的政府绩效评估模式，发挥地方优势，积累实践经验。

其中，位于美国东部弗吉尼亚州的费尔法克斯县的绩效考评，作为地方政府绩效评估的实践，有些做法可资借鉴。费尔法克斯县在评价机构或组织的绩效时，通常从五个方面考查，即投入（Input）、产出（Output）、效率（Efficiency）、服务质量（Service Quality）和结果（Outcome）。这五个方面组成绩效考评的指标体系（Family of Measures）。指标体系的定义和举例见表3-1。

表3-1　　费尔法克斯县绩效考评指标体系②

指　标	定　　义	举　　例
投入	用于制造产出的有价值的资源	预算或支出的金钱，员工付出的工时
产出	生产服务的数量或个数。产出是活动导向的、可测量的，而且通常是可控制在管理之下的	有效会面的次数，图书馆出借图书的册数，接受免疫儿童的人数，处理定购单的数量，运送病人的人数
效率	单位产出所用的投入或单位投入的产出	每份鉴定的成本，每位专家所评审的计划

① 毋天学. 对美国政府绩效考评活动的考察［J］. 行政论坛，2001（5）：79-80.

② 王建民. 美国地方政府绩效考评：实践与经验——以弗吉尼亚州费尔法克斯县为例［J］. 北京师范大学学报：社会科学版，2005（5）：13，33.

续表 3-1

指　标	定　义	举　例
服务质量	消费者对项目的满意程度，服务提供的准确或及时程度	对服务表示满意的被调查者百分比，每位数据录入员的差错率，提交一份设备使用规则的平均天数
结果	一个项目或一项服务产生的定性结果，即为消费者带来的最终好处。外部力量有时会限制管理控制。结果指标表达“为什么”提供服务的最后理由	火灾中死/伤人数下降，工作 6 个月以上接受岗位培训者的百分数，12 个月未再次受到审判的青少年百分数，没收动物被收养/领回的比例

美国的地方政府发展了富有特色的政府绩效评估制度，发挥了地方优势。

在地方实践中美国的地方政府还注重政府绩效评估信息的公开。许多管理者都使用绩效评估指标来提高项目实施水平。许多部门都制定月或季度报告。例如，威廉王子县设立了绩效评估与分析系统来公布所有项目的绩效评估指标。威廉王子县政府通过多种渠道公开绩效评估信息。例如，1999 年的市民调查有 23% 的内容被公布在政府网站上。2000 年，该网站又向公众公布了 7 个报告，这些报告包含了大量的绩效信息，内容包括战略计划、市民调查和效率报告。另外，政府还创办了名叫《威廉王子县报告》的季度报纸来提供绩效评估信息。由于政府责任和交流的需要，政府内部还制定了关于评估指标的阶段性的数据报告。许多部门还制定了提供给政府职员和公众的月度、季度和年度报告。政府责任的表现形式之一就是让公众参与到评估指标的选择和监督中①。

① Prince William County. 1999 citizen satisfaction survey results [EB/OL]. (1999-07-18) [2006-04-01]. http: //www.pwcgov.org/budan/99survey/default.htm.

五、专业型评价机构的运用

近年来，由行政领导组织发起成立的专题性咨询机构呈上升趋势。这种机构主要是根据行政领导的意图，对某项专题进行评估、预测，继而对行政领导的决策提供咨询。在发达国家，这种专题性咨询机构在推进政府改革和优化政府管理的过程中发挥了重大的作用。有资料显示，美国的经济与效率委员会于1912年建立，它提出对建立行政预算的行政评价，使该制度于1921年得到实施①。1981年，里根政府的咨询机构——格利斯委员会——对政府降低成本、提高效率进行行政评价，使里根政府完成了工商业管理的改革②。1993年，美国副总统戈尔领导"绩效审查委员会"对美国政府引进企业运作模式进行评估，它的意见和建议直接推动了"重塑政府"运动③。

第三节　美国行政评价的方法

美国政府在绩效评估的发展过程中所采用的评价方法先后有"3E"评价法、标杆管理法、平衡记分卡法等多元方法，这些方法值得借鉴。

一、"3E"评价法

随着行政权力的不断膨胀，政府财政支出逐渐增

---

① 朱立言，张强. 美国政府绩效评估的历史演变［J］. 湘潭大学学报，2005(1)：1-7.

② 宁有才. 英国政府绩效评估及其启示［J］. 行政与法，2004 (3)：17-19.

③ 葛洪. 略论美国《1993政府绩效与结果法案》［J］. 中国行政管理，2004(5)：26-27.

加，政府面临日益加剧的财政危机。为了更好地控制政府财政支出，节约成本，在20世纪60年代，美国会计总署率先把对政府工作的审计重心从经济性审计转向经济性（Economy）、效率（Efficiency）、效果性（Effectiveness）并重的审计，从单一指标扩展到多重指标，这就是政府施政绩效评估的雏形，即“3E”评价法。所谓“经济”，是指投入成本的降低程度；“效率”指标反映所获得的工作成果与工作过程中的资源消耗之间的对比关系；“效益”指标通常用来描述政府所进行的工作或提供的服务在多大程度上达到了政府的目标，并满足了公众的需求。从三个指标的内涵可以看出，“3E”评价法更强调成本的节约，强调经济性，这是“3E”评价法的根本价值准则。

然而，由于“3E”评价法本身只强调经济性，较为片面，缺乏统揽全局的能力；还有政府公共部门的非营利性、目标的弹性和软目标性，使得政府投入尤其是产出难以量化。因此，美国的政府绩效评估体系开始由硬性指标和软性指标共同构成。硬性指标是由美国会计总署承担的对政府的绩效审计；软性指标是由社会大众对政府的评价，定期发布政府支持率，以增强政府执政地位的合法性和政策的权威性。后来还增加到“4E”标准，即增加了公平（Equity）目标。

二、标杆管理法

“3E”评价法存在的内在矛盾促使人们对政府绩效评估方法作进一步探索，随着新公共管理理论的发展，政府管理借鉴私营企业的做法越来越多，标杆管理法的应用就是其中之一。

俄勒冈州在标杆管理运动中处于先锋地位，以俄勒冈州为例来了解标杆管理法。美国俄勒冈州于20世纪80年代成立俄勒冈州进步委员会（Oregon Progress Board），全面负责政府各部门的绩效评估工作。该委员会将标杆管理方法应用于政府绩效评估，制定的俄勒冈州阳光（Oregonshine）文件包含92个具体的政府绩效评估指标（如表3-2所示）。它们包括经济、教育、科技、文化、环境和安全等社会公益和政府应当承担的社会责任等各方面的绩效评估，这对引导和激励社会的全面发展发挥了重要的作用。在20年的时间里该方法促进了政府绩效的显著提高：1995年，由美国国家公共行政学院（NAPA）主办的政府再造联盟项目指出，俄勒冈州在其健康保健战略中取得了重要成果，包括于一天内为7000名儿童进行免疫接种；而且，通过紧急事件预警的标杆管理工作，俄勒冈州使建筑火灾损失从1989年的7920万美元减至1993年的5720万美元，标杆管理的实行有效地提高了该州政府的行政效率。

三、平衡记分卡法

平衡记分卡法从战略出发，以提高管理绩效为基础，平衡多种管理要素。最初应用于商业领域，后来被引入政府部门，作为一种注重平衡的管理工具，注重的是在治理过程中公平与效率的均衡、各个相关主体利益的参与、政府使命与短期目标的结合，以及政府治理流程的改善。它的应用引起一场公共部门绩效评估的新的革命。

关于平衡记分卡法的应用，最值得一提的是美国的夏洛特市政府。从1990年开始，夏洛特市提出了“成为居住、工作、休闲的最佳选择城市”的战略目标，希望为市民提供高品质的服务。夏洛特市于1995年开始尝试利用平衡记分卡法进行战略规划和绩效考评，将战略目标落实在顾客与使命层面、财务层面、流程层面和学习层面，最终使得战略得到了有效执行，因此获得了最适合人居的城市奖。

表3-2　美国俄勒冈州政府绩效评估指标①

一级指标	二级指标
经济	商业活力
	经济地位
	商业成本
	市民收入
教育	幼儿园～12年级
	二级教育
	技能发展
公共安全	犯罪
	紧急事件处理
社会安全	市民健康
	贫穷
	独立生活能力
社会发展	基础设施
	居住条件
市民参与	税收
	参与积极性
	公共部门绩效评估
	文化建设
环境保护	土地资源
	水和空气质量

① 范柏乃. 政府绩效评估理论与实务［M］. 北京：人民出版社，2005：91.

作为采用平衡记分卡法的典范，不妨通过该市的具体应用情况来了解平衡记分卡法。

夏洛特市的平衡记分卡制度构成包括如下几个方面①。

①确定夏洛特市政府的目标包括 7 项：减少犯罪、增强安全感、强化社区管理、改善服务质量、维护优惠税率、安全便捷的交通、促进经济发展。市政府通过协商确定其重点目标，明确市政府的使命和愿景。

②实施平衡记分卡的领导层：市政府的平衡记分卡计划由 3 个团队构成，并且在以上 5 个重点目标的基础上发展出了 5 个工作小组。参见图 3-1。

③市政府确定五大战略目标之后，开始逐步建立财务维度、客户维度、内部管理维度和学习成长维度的战略目标，并制定战略平衡记分卡图，其最重要的特点就是将客户维度置于最重要的位置。市政府根据战略图设计出政府的平衡记分卡，其中包括四个层面的战略目标，并将这四个层面的战略目标细化为 21 个目标，并作了详细的说明。

④在市政府确立其平衡记分卡结构图后，平衡记分卡根据确定的 5 个重点目标，分别制定了各自的特殊平衡记分卡，这 5 个平衡记分卡详细地阐明了该战略的使命、各个层面的目标以及预期的效果，从而使员工对这一模型构建达成了一致性理解。

⑤市政府的主平衡记分卡以及子平衡记分卡设计完成以后，需要设计各个具体部门的平衡记分卡。以夏洛特

---

①　丰俊功，王加青．平衡记分卡在美国政府绩效管理中的应用及对中国的借鉴［J］．高教论坛，2008（4）：119-121．

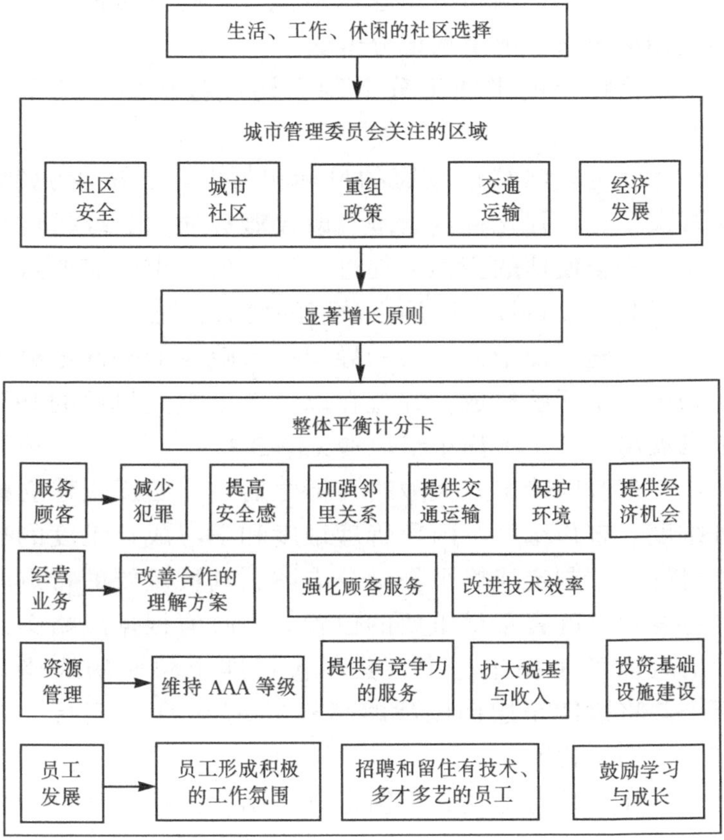

图 3-1　夏洛特市目标战略图[①]

市的交通部门为例，夏洛特市交通部负责城市街道和公共运输系统，这一部门从四个维度建立了一系列指标，而且，针对每一个目标确定了领先性指标和滞后性指标，领先性指标表明了必须实现的绩效，滞后性指标表

① 保罗·R. 尼文. 政府及非营利组织平衡记分卡［M］. 胡玉明，等译. 北京：中国财经经济出版社，2004：252.

明了实现目标的广泛影响。此外，交通部还确定了业务指标，并定期搜集指标方面的数据资料。下面以夏洛特市警察部门平衡记分卡的构成为例来说明平衡记分卡的设计和应用。参见表 3-3。

表 3-3　夏洛特市警察部门平衡记分卡①

层　面	目　标
顾客层面	降低犯罪率
	迅速回应市民的报案电话
	增进市区街道的交通安全
财政层面	从市政以外的来源募集资金
内部程序层面	推广社区自治问题解决方式
	发展与公民协作机构的联盟关系
	警察巡逻服务的流程再造
	改善财务协管服务
	发展人力资源模式，强化社区导向政策制定
	强化对警务人员行为不当的投诉处理程序
学习与成长层面	发展快捷的咨询和沟通的科技
	增进公务人员在社区问题导向的政策制定方面的技能
	建立一个充满激励和授权的环境来提高员工对社区安全目标的回应度

⑥夏洛特市政府管理层将平衡记分卡纳入到市政府每年的战略设计以及管理计划当中，并构建出相应的战略管理系统。该系统包含了 9 个步骤：制定年度初期会议战略和规划、召开年度初期会议、更新市政府平衡记分卡、将更新部分与各部门沟通、各部门利用更新复核

① 张定安．平衡记分卡与公共部门绩效管理［J］．中国行政管理，2004（6）：72．

其工作、部门进行规划和目标设定、各部门制定激励作用的标准、各部门报告结果及挑战，以及回馈并完成总结，周而复始地形成一个周期循环。每个部门都以年度目标来确定各自的年度计划，并在计划中详细阐明具体的目标及其内容，并在下一年中，由市政府的预算单位来监督各部门的绩效实施状况。

此外，美国在绩效评价的过程中，还通过设计一系列的问题，考查评价项目的目的及设计、战略规划、管理、结果和责任，为行政决策提供依据。包含这些问题的调查问卷由四部分组成，详见表 3-4。

表 3-4　　　　调查问卷的四大组成部分

项目目的和设计	评估项目的设计和目的是否清楚、合理
战略规划	评估是否为该项目制定了适当的年目标和长期目标
项目管理	评价对项目的管理，包括财务监督、项目执行情况
项目成果	根据战略规划部分设定的目标及其他方面的评价来确定项目绩效

在美国的绩效评价过程中，对政府的各个部门分类制定了指标。这些指标的确立也值得研究。其中，在《政府绩效与评估法案》的指导下，联邦教育部门的评估指标包括以下几类。参见表 3-5。

表 3-5　　　　联邦教育部门的分类指标①

分　类	定　义	举　例
效果指标（Impacts）	衡量项目达到其社会目标的程度	增进竞争，提高教育水平，提升教育机构的质量
成果指标（Outcomes）	由项目产出所达成的项目目标	学业表现的进步，学生能够顺利进行更高层次的教育，雇员的满意度

① 寇博. 美国政府绩效评估的实践和启示［J］. 公共管理评论，2006（6）：151-166.

续表 3-5

分　类	定　义	举　例
产出指标（Outputs）	项目的直接结果	学生的入学人数，对特定的学生群体完成培训
行为指标（Activities）	核心产品和服务的直接生产者的工作	各种培训、咨询、会议、报告的数量
投入指标（Inputs）	组织消耗的资源	有限的资金

第四章 日本行政评价法制度的实践与启示

第一节 日本行政评价法制度的特色

一、日本的政策评价法

日本政府的政策评价制度形成是以一系列法律法规体系建设为基础的，2001 年 1 月，日本政府政策评价各府省联络会议通过了《关于政策评价的标准指针》，对政策评价的对象范畴、实施主体、评价的视角和评价方式作出具体规定，同年 12 月发布《政策评价基本方针》，日本政府的政策评价制度建设拉开了序幕。为提高政策评价的可操作性和实效性，进一步取得全体国民的信赖，日本政府于 2001 年 6 月制定了《关于行政机关实施政策评价的法律》[①]。并于 2002 年 4 月开始正式实施。可见，日本政策评价法律法规形成了一个体系，规范了政策评价中的程序、评价对象、评价方式、评价计划、评价原则、评价目的等制度内容，使日本的政策评价制度具有较高的权威性和规范性。

该法确定了政策评价的三项原则：一是政策评价必

---

① 董幼鸿．日本政府政策评价及其对建构我国政策评价制度的启示：兼析日本《政策评价法》[J]．理论与改革，2008（2）：71．

须坚持必要性、效率性和有效性的标准；二是政策评价要坚持理性的方式与量化的评价手段相结合的原则；三是政策评价坚持发挥专家学者的作用。在政策评价中，应充分发挥熟悉政策科学理论与有实践经验的专家和学者的功能，提高政策评价的科学性。

政策评价制度体现了结果为导向的责任型政府理念。从《政策评价法》出台的目的可以看出，政策评价制度确立了以政策运行结果为导向的价值取向，目的在于提高政府的运行效率，立足国民利益，接受国民的监督，确保政府履行向民众说明解释其政策的责任和义务。政府可根据政策评价的结果，优化政策的制定与执行的过程，提高政策的运行效率和质量，实现以民为本的高效优质行政，取得国民的信任，履行政府的责任。

政策评价与行政公开密切相连。《政策评价法》在确定政策评价方针时，明确规定利用因特网或其他方法发布政策评价相关的信息，并要求在制定具体政策评价计划时，将信息公开的规定纳入计划的方案中，作为执行评价计划时的重要内容。《政策评价法》第 11 条规定政府部门负责人应当每年至少把本政府部门的政策制定与实施的评价结果及其反映的情况向总务大臣报告并公布一次。一方面规定了政策评价过程中所需要的信息的公开，另一方面要求政策评价结果必须公开。

政策评价坚持事前评价与事后评价相结合，保障政策评价的有效性。

二、日本行政评价的方法

在日本的行政评价制度中，尤其值得关注的是对行政评价方法的设计，有相当的借鉴意义，参见表4-1。

表 4-1　　行政评价方法示意表

手　　段	组织方法	目　　的
数值指标化	事前、事中、事后评价	投资服务的最优化
费用效果分析评价基准设定	给付形态的适当化	行政服务的效率化
目标达成管理	强化行政组织业绩能力工资化	人事预算工资的变革化
		行政活动评比的公开化

表 4-1 比较简洁明了地反映了日本行政评价的手段、组织方法及目的[①]。下面对日本行政评价方法做以重点介绍。

1. 行政财政活动数据化方法

行政活动并非全部直接可以用数据来表示，但是，行政活动的数值化又不是不可以实现。行政的实绩、效果评价存在一定的难度。

（1）一些可以用数据直接表示的情况

对名誉损害的赔偿，交通事故的赔偿，台风、洪水、地震等自然灾害给经济、社会造成的损失等这些均可以用数值直接表示。

（2）一些可以转换的用数值表示的情况

公务员的工资是对公务员的无形的劳动和能力的评价。但是无形的劳动和能力的评价并不是可以直接用数据表现的，需通过一定方式的转换，如果转换得科学合理，那么公务员的积极性将受到保护，相反将受到抑制，公务员工资的高低折射出公务员无形劳动的程度以及个人工作的能力。

（3）一些较难转换的行政活动情况

---

① 高寄升三．自治体的行政评价导入的实际［M］．东京：学阳书房，2000：44．

环境的改善，市民的福利、教育的效果等这些都将受到多方面因素综合作用的影响，数值化存在相当的困难，但是对这些行政活动的数值测定方法正在研究开发之中。

①软性行政的指标化：对于难以算出的成果指标，可以进行同类行政活动的比较，如市民交响乐团及演唱会的举办，可以和前期的举办次数，参加人数等进行比较。

②针对性较强的行政事业指标率：在公共安全方面的犯罪率、消防服务方面的火灾发生率、公共设施的利用率，这些都是针对性较强的行政事业指标率，通过比率高低的同行业比较，剔除允许的合理相关影响因素，即可比较出行政服务的好坏，质量的高低。

2. 评价指标的计算方法

（1）投入指标的数值化

行政活动不可能没有任何投入，而投入的大小则需要细心的计算，如直接的费用、间接的费用、人力的费用及将来所发生的费用。

（2）活动指标的考虑

对于一些行政事业来讲，活动指标也需要予以同时考虑才能反映投入指标。如警察行政的出勤次数、消防行政的出勤次数，文化行政的讲座组织次数，将实际件数与活动指标进行比较的结果即成果指标。如消防行政的救命率＝救急件数/出勤次数。

（3）成果指标

事务日常的评价基准确定后，成果指标即可导入成果指标与投入指标和活动指标相关联，对于单独指标来讲，成果指标计算较为简单，成果指标＝执行指标/行政目标。对于复数指标来讲，成果指标需要将关联因素考虑进去。如道路改善指标=道路改革率×交通事故率的逆数×交通阻涉率的逆数×道路绿化率。

（4）满意度指标

成果指标与执行指标的比即市民满意度指标。如体育设施，满意度指标即利用者满意度=收支改善率/设施利用率，满意度指标也是评价行政活动的一个重要参数。

3．非数值化的评价

当行政活动评价数值不能计算的时候，还可以采用非数值化的定性分析或将评点方式引入其中。表 4-2 是一个公共事业评点方式的实例[①]。

表 4-2　　公共事业评点方式评价表

公共事业项目	经济性	效率性	有效性	必需性	支援性	适应性	综合评价
地　铁	80	100	130	100	70	90	570
公交车	30	50	70	60	50	50	310
病院	80	80	80	50	70	80	440
收费公路	100	80	50	30	20	90	370

评点方式的采用可以多角度地进行。与定性评价较为接近，其效果也比较直观。

综上所有指标，以道路建设评价为例形成图 4-1[②]。

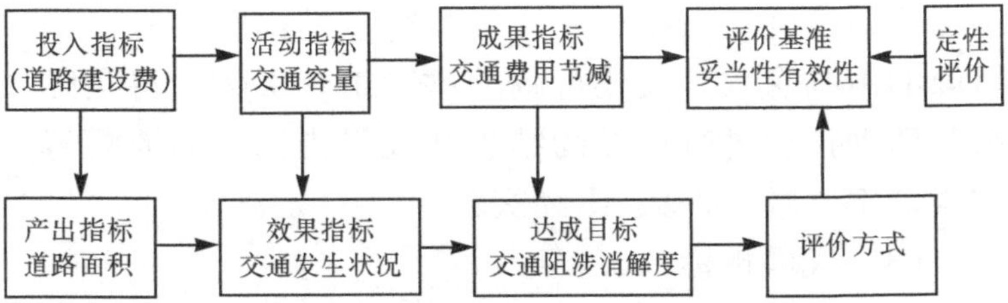

图 4-1　道路建设综合指标评价图

①② 高寄升三．自治体的行政评价程序［M］．东京：学阳书房，2000：117.

4. 日本行政评价的效果

（1）财政支出的缩减

日本行政评价的最直观效果是政府财政支出的缩减。这与行政评价中行政收支分析和目标管理的导入有直接关系。由于事先设定了选择的基准，行政预算的精密组织，并采用成果预算的数值化，使事务评价事先就有了明确的目标和控制的全程管理，最终可以达到财政支出的缩减。

（2）行政权力配置的调整①

日本行政评价的另一个显著作用，是对政府中不合理的权力配置进行调整。通过行政评价，从投资服务的最优化、行政服务的效率化、人事预算工资的改革、行政活动评比的公开化出发，使行政权的配置达到优化。行政评价是向传统的管理方式的挑战，是对行政服务的优化。

（3）服务质量的提高②

行政评价的导入，使政府的行政按财政运营的经营方式进行，一切行政行为经过评价后以行政的良性运营为中心，以提高行政品质管理为基准，使行政以企业经营为理念，不断提高服务质量和降低运营成本。

第二节　日本神奈川县逗子市行政评价制度及启示

一、日本神奈川县逗子市行政评价的过程

以日本神奈川县逗子市为例，实施行政评价全过程

① 小野达也. 行政评价［M］. 东京：东洋经济出版社，2001：97.

② 上山信一. 日本的行政评价［M］. 东京：第一法规出版社，2002：116.

的分析，对探寻我国地方城市今后如何展开行政评价制度将是一个启示。

目前，我国正在积极地从事政府绩效评估，目的是建立一个具有回应机制的政府。这种在我国被称为政府绩效评估的制度，在日本则被称为行政评价制度。日本实施行政评价制度从 20 世纪 90 年代开始，尤其在各地方自治体中轰轰烈烈地开展着。

日本神奈川县逗子市在市长的领导下开始贯彻实施行政评价制度，市长为了使行政评价制度能够得到市民的充分理解，通过设定表格来引入行政评价的具体内容。于 2000 年 4 月开始实施行政评价制度。2000 年 5 月逗子市行政评价组织实施行政评价计划，即制定了“2002 年行政评价的实施方案”。计划于 2002 年正式开始实施。

逗子市的行政评价是推进逗子市民主化进程中不可缺少的一个主要环节，最初把行政评价作为市民和政府对话、沟通的主要手段。

1. 逗子市实施行政评价的目的

逗子市推行行政评价的目的是为了“提高逗子市的市民对政府的满意度”，为了实现这一目的，特别列举出以下六点内容。

①市政府时刻不能忘记从市民的角度思考问题；

②重视行政评价的成果；

③评价周期的确立；

④网络新闻报道的充分利用；

⑤原则上，每隔 2～3 个月，将行政评价推进的状况对外向市民公布；

⑥组织行政评价体系的构建。

2. 逗子市实施行政评价的特征

逗子市实施行政评价的方案主要分为两大组织程序：其一是行政评价的战略组织程序；其二是项目计划事前评价组织程序。

对行政评价的战略组织程序的特征的分析，可从图4-2中得到理解。

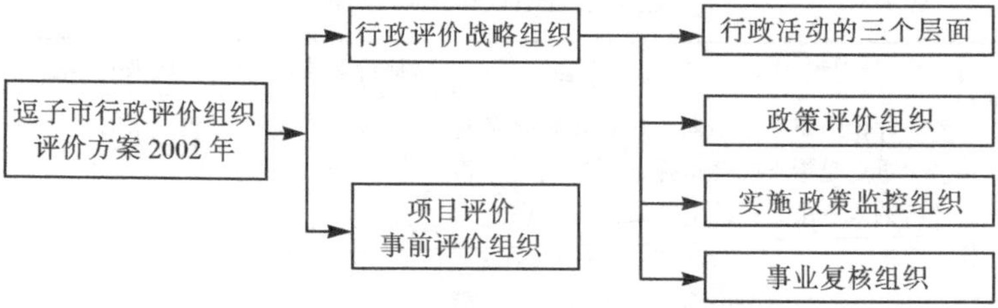

图4-2　逗子市行政评价战略组织程序

逗子市行政评价的具体组织特征体现在以下五个方面。

第一，行政活动组织的三个层面主要是指由政策评价组织、实施政策监控组织和事务复核组织来构成；最终反映出组织相互连带的关系。

第二，各评价组织的评价对象，其中包括被评价者、被评价者应承担的责任等内容。

第三，行政评价实施的水平要得到提高。其中三个阶段的内容要明确，第一个阶段称为初步实施阶段，第二阶段是认真思考阶段，第三阶段是在实施过程中的修改阶段。

第四，现场职员作为评价主体的参与者，市长作为领导者，并以副市长为中心设置实施事业项目评价的运营委员会，同时要考虑到横向的连带关系，组成现场的实际行政评价运行体制。

第五，实行彻底的信息公开。

逗子市是日本最先实行信息公开的城市，在行政评价的实施过程中，积极、主动地完善了信息公开制度。有关事务项目评价的实施严格履行信息公开制度，已取得良好的效果。表 4-3 展现了逗子市行政评价组织的概要。

表 4-3　逗子市行政评价组织概要

行政评价组织	组织内容	评价对象水平	成果的示范
政策评价组织 第一个重点是指被评价的人→市长 第二重点是指评价人，参与评价的人→市民	①向市民提示依据各种社会指标，评价逗子市市民的生活状况和行政运营中的现状。让市民充分地对市政情况进行评议，然后将评价结果如实反映到推进行政运营的组织中去 ②评价指标是依据市民视角而设定的。因而不一定符合市政府各个部门的工作内容	政策水平	逗子市的诊断书
实施政策的监控组织 ①主要指被评价者：部长、科长 ②评价人：市民、专家	①以部长为领导核心的部的工作重点要明晰；这对于今后组织确定这个部的工作方针，组织核对这个部实施的工作内容是非常必要的 ②顾客满意度的调查、确认；对行政机关工作内容的复核，盘点及监督	实施政策的水平	
事业复核组织 ①主要是指被评价人：课长(科长)、职员 ②评价人：市民	个别的事务，事务的效果、效率评价组织	事务项目的水平	事务评价手册

3. 行政评价的概要和今后的方向

逗子市在 2000 年度对政策评价、实施政策和事务项目的水平依据本市的具体情况定量把握，逐个项目进行检查、监督，为 2001 年以后展开真正意义的行政评价做了充分的准备。

各组织确立评价模型，依据模型样本展开评价活动，为 2001 年以后展开活动提供一定的方向。

（1）政策评价组织

由本行政部门内的若干青年职员组成工作小组，向市长提出作为测量本市行政评价成果尺度的水准指标。

（2）实施政策评价组织

在各个部门实施政策的过程中，依据“市民的满意度”来确定政策的实施效果，开展以副部长为中心的顾客满意度的调查。而且，部长要亲自作笔录，对各部的工作实行监督。

有关评价结果，作为今后开展工作，制定具有战略意义的工作方案的依据。

（3）事业项目监督评价组织

将事务日常评价模型的实施结果，做成小册子，为真正地开展行政评价制度确立方法论。

4. 逗子市实施行政评价

（1）展开市民对政府的满意度调查

2000 年度主要围绕以下四个方面对具体实施的事业项目进行了调查。

第一，来逗子海岸水浴场洗浴的人有多少？

第二，来逗子市体育馆做体育健身活动的人有多少？

第三，利用街区公园从事各项活动的人有多少？

第四，逗子市市民接受每年一次身体健康检查的人有多少？

以上四个方面的调查是通过具体问卷进行统计的。每项内容以本市 220 人为问卷调查对象，然后将调查问卷的结果发表在市属官报上。围绕上述四项调查内容进行分析，在广泛听取民意的基础上，作出总结。

（2）“部的战略计划”的制定

对各个部的工作监督的手段是以总部制定的“部的战略计划”为依据。事务项目的水平高低不是以事务项目数量为基准，而是以部长为核心的事务项目的运营的使命为立脚点，为完成这项使命应如何开展对实施事务项目的评价，及对具体的事务项目的评价怎样做到认真仔细的思考。

所谓的战略，是指经过部长的亲自制定，经过部内主要成员的反复思考和协商，通过事业主管部门，以干部为主导的具体执行来实现的宏伟计划。

首先，各部长要明确“部的使命是什么”，在各自的领域内要明确哪方面强、哪方面弱。为完成“部的使命”，今后应如何开展工作。特别是围绕顾客的“满意度”和“期待度”的调查，对逗子市现在所具有的资源问题，从战略的角度来分析、策划、组织安排。

其次，还要听取本地财政界、专家等方面的意见，各部部长也要制定“各部的战略计划”，通过各部战略计划的制定及其实施，来验证市长“市的战略计划”的总体完成情况。参见图 4-3。

（3）事务日常评价模式的实施

在 2000 年度对行政评价定位的基础上，进行事务日常评价，各个科选择一个或三个事务或事务项目，最

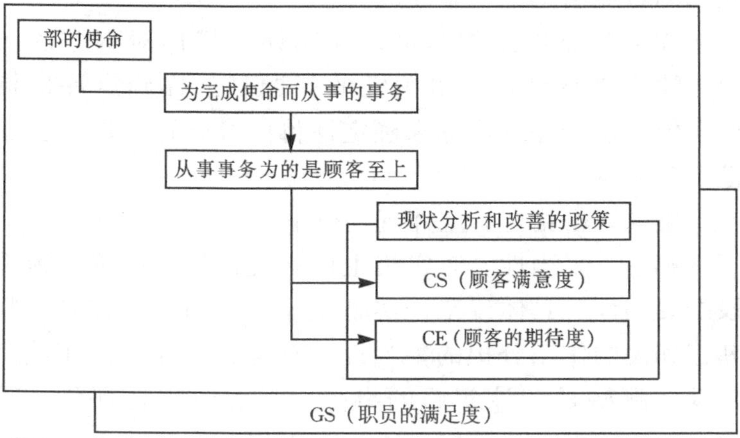

图 4-3　部的战略计划

终根据总计划从预算事务中选择59个事务日常项目进行评价。

制定评价图表和评价手册，按评价指标开展实际调研，在通过一周的实际调研后来确定评价图表的内容和评价指标。并经过各科长和企划部行政评价执行者们的反复论证后，再经过两个月的实际调研，最后确定图表的评价内容。

① 行政评价方法的特征。

对评价图表重视设计行政评价流程。

首先，把握现状，评价要紧密联系政策的内容。要重点突出评价事业的目的、对象、手段及效果，并制订指标。依据指标来实施评价。今后发展的方向、改革的方针、实现的手段、预想的效果等内容也应记入行政评价内容之中。

评价责任人是科长，科长应记入的评价内容是接受改革、改善计划。探讨政策、执行政策的水平等研究课题的内容应由副部长来完成。

在事务监控组织方面，根据评价指标对事务的成果、效率进行评价。最关键的问题是怎样确定评价指标，依据这个评价指标来确定评价内容的科学性、合理性。

确立评价指标，应体现在以下三个方面。

第一，妥当性。对实施主体来说，是指评价实施手段的妥当性。具体说来，实施主体的妥当性，首先应判断官和民的作用分担的妥当性，对官员的评价，在城市建设中哪些是应该实施的事务，对此应进行评价。其次，对实施事务的手段是否具有妥当性，对实施事务项目的企划立案的手段方法是否妥当；上述内容要依据活动指标来进行分析、评价。

第二，成果。能否提高预想的效果，要通过制订成果的指标来分析评价。

第三，效率性。成本能否得到有效的改善，要依据效率指标的数据来进行评价。这项分析要充分考虑到受益者所要担负的情况。

分析各项指标应从妥当性、成果、效率性的观点来进行事业项目的总评价，并应记入依据的理由。

② 事务日常项目评价图表的构成。

评价表格第一张要整理事实；第二张要明示评价内容和今后展开评价的方向。

图 4-4 是评价的流程图。

事务日常评价表

番　号		主管科名		记入者名
事务名称		记入日期		
事务的种类和位置				
事务的种　类		事务的依据		
相关事务和总计划的关系				
	实施政策方向		总计划员	
	相关的个别计划			

要明记事务日常的种类和总计划的关系

投入的费用（业务量）（参与的职员数）				
实际经费额				
参与职员人数	2002 年	2003 年	2004 年	
人工费				
事业总合费用				

该项事务需要多少成本

事务的大致状况

事务丌始实施前的状况 事务开始　　年　月　日		
事务至今的改善		
事务内容	目的	
	对象（以何为对象）	
	手段（采取什么方法）	
	成果（得到什么效果）	

事务日常项目的概要、至今改善状况、实施事务的内容

图 4-4　事务日常项目评价的流程图

图 4-5 是评价项目的提示图。

用数字来分析

指标种类	指标名	计算方法		实际业绩值	目标值
活动指标（实施结果）			2000 年	2001 年	2002 年
成果指标					
效率指标					

社会环境的状况		
项目评价	妥当性（实施主体、手段等是否妥当）	
	成果（是否按预想取得更高的效果）	
	效率性（成本改善有多大余地）	
总合评价	A　B　C	

用指标分析现状

今后的方向性

A.（维持现状）B.（在改善、修正的基础上继续）C.（结束）D.（停止）E.（废除）

（今后开展的方针）

a. 重点投入（集中大量资金投入）

b. 方向、手段的改善（实施主体、手段的改善）

c. 提高效率（降低成本）

d. 简单化（缩小规模）

e. 统一整合（把其他项目统一整合）

根据对现状的评价，探讨今后如何开展行政评价

图 4-5　评价项目的提示图

对事务日常的评价见表 4-4。

表 4-4　　事务日常评价表

番　号		主管科名	事务日常评价所管理的科的名称	科长记入	
事务名	从综合计划上来选择计划事务、预算事务			记入日期	

对事务日常评价的种类和定位见表 4-5。

表 4-5　　事务的种类及其定位

事务的种类	本市从事的事务与原来国家和省所要从事的事务相一致	事务依据	依据法律、条例、命令记入此栏
相关联的事务	与其他相关联的事务记入此栏		
综合计划关系	实施政策的方向		综合计划书的页数
	相关联的个别计划	个别计划记入此栏	

对投入的费用及其业务量的推测见表 4-6。

表 4-6　　对投入的费用及其业务量的推测

时　间	2000 年	2001 年	2002 年
直接经费	过去三年间费用的使用说明记入此栏，不包括人工费		
从事职员人数			
人工数	一年中从事事务评价的职员人数，各年度大致计算，每一个职员平均人工费是每天 870 日元		
事务费合计	直接经费和人工费的合计		
一般财政来源	从本市的财源中得到的补助金额		

事务开始的概况见表 4-7。

表 4-7 事务开始的概况

事务开始前的状况 事务开始　　年　月　日		事务从何时开始，根据什么理由开始实施，当时的状况如何记入此栏
至今事务修正及其改善的经过		制度改正、事务改善等修正的经过记入此栏
事务的内容	目的 （为什么）	为什么从事这项事务，从事这项事务的目的记入此栏
	对象 （以谁,以什么作为对象）	以事务作为对象的人记入此栏
	手段 （采用什么样的方法）	采用什么样的手段实现目的，具体记入此栏
	成果 （得到什么样的效果）	事务所取得的显著成果 采用什么样的状态保持下去，详细记入此栏

5．逗子市实施行政评价的重点

逗子市从真正意义上实施行政评价制度大体用了两年的时间，首先制定实施行政评价的计划，具体制定了“2002 年实施行政计划方案”。如图 4-6 所示。

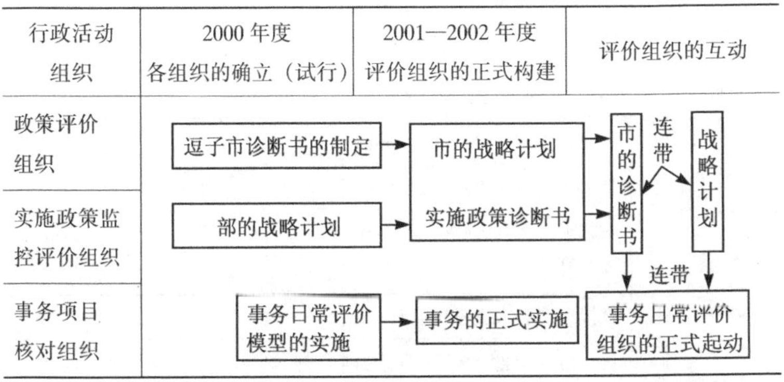

图 4-6 逗子市三个层面实施行政评价的方案

图 4-6 示反映出逗子市正式操作行政评价制度，即政策、执行政策及事务项目水平的评价组织正式导入。

（1）逗子市果断引入行政评价制度主要有以下三个方面的要因

第一，配置 3 名专职人员开展行政评价工作。

逗子市从 2000 年 4 月开始着手实施行政评价，在市行政机构的内部设置了负责实施行政评价的具体部门，并配备了 3 名职员专门开展行政评价工作。当时在全国专职从事行政评价工作的职员在市区县的比例还不到百分之一。在这样的状况下，逗子市能在行政机构中专设三人来承担行政评价工作，并确立各部副部长兼职分管行政评价工作的体制在日本也是首屈一指的。这项制度规定不能被其他的工作所左右，必要时还要投入人力，是一项新的体制。因而可以说这是逗子市确保行政评价快速推进不可忽视的第一个要因。

第二，不经过认真思考的计划是不能制定的。

做事情必须要有计划性，逗子市最初制定了三年的行政评价计划，在三年期间内行政评价制度怎么展开，评价哪些内容非常明确。引入行政评价制度之初，制定了实施可行性的行政评价计划，这是构成逗子市推行行政评价制度的第二个要因。

第三，在实施行政评价的过程中不断修改。

逗子市的做法并不是一旦决定行政评价的内容就不能改正，而是在实施评价过程中不断完善，不断改进，采取这样的做法是逗子市实施行政评价不可忽视的第三个要因。

（2）构建行政评价在三个层次同时引入的平台

逗子市实施行政评价在三个层次同时引入，其中有五个关键点不能忽视。

第一，实施评价的责任人承担责任明确。

逗子市实施行政评价制度，责任承担明确，建立了严明的责任人承担责任机制。对政策水平的评价，承担责任人是市长；执行政策水平的评价承担责任人是部长；事务日常项目水平的评价，科长是责任的承担者。这是逗子市在三个层次同时引入行政评价制度最令人值得关注的亮点所在。

第二，计划安排科学合理。

逗子市在三个层次同时展开行政评价制度，计划安排要科学合理是非常重要的。在行政评价的同一个时期，三个层次如果不集中统一实施行政评价，即使说是订立了计划也很难实施评价，尽管安排 3 名职员作为实施行政评价的责任人，也会感到工作起来就像面临“三座大山”，很难在逗子市展开行政评价工作。

为了回避这些困难，分析工作的难点所在，必须要制定一个科学合理的实施行政评价的计划。行政评价的计划安排科学合理，是逗子市推行行政评价制度的第二个关键点。

第三，把层次再分为阶段来实施。

不论在哪一个层次引入行政评价制度，都要通过每一个阶段来实现。在三个层次同时引入行政评价，分别将每一个层次的评价水平通过引入每一个阶段的评价来完成。

逗子市事务监控组织是从 59 个模型事务评价开始的。实施政策监督评价组织是从对各部中的一个顾客满意度调查和工作的内容的核实确认来开展的，为下年度的实施行政评价做必要的准备。其中每一个层次按阶段地引入评价制度是逗子市的第三个关键点。

第四，不断进取的精神。

逗子市在引入行政评价的过程中，始终在评价中不断修改、不断完善评价内容，可称其为不断进取的精神。这个精神，让行政评价的担当者充分领悟，然后传达给每一位职员。这是逗子市开展行政评价的第四个关键点。

第五，市长高度重视行政评价工作。

逗子市实施行政评价总的方案的计划者是市长。市长实施行政评价的意志如果坚定，那么展开政策评价、实施政策评价及事务项目评价等同时引入实现的可能性是相当高的。推行行政评价制度，领导不带头是很难推行的。逗子市为积极实施行政评价制度，市长主动参加行政评价运营会议，积极参加部长联席会。市长率先参加推行行政评价的有关会议，是逗子市积极开展行政评价的第五个关键点。

二、逗子市行政评价制度的启示

(一) 建立市民与政府的回应机制

从目的性上分析，体现了逗子市开展行政评价制度紧紧围绕市民的满意度来展开。逗子市制定《2002 年度行政评价宣言》的第一条内容就体现了把市民的“满意度”作为实施行政评价制度的首要目的，并确定制定行政评价的方法要自始自终以市民的视角为出发点，通过开展行政评价构建政府与市民的沟通渠道，建立市民与政府的回应机制。

(二) 建立行政评价组织机制

逗子市在实施行政评价之前，首先制定逗子市的

《2002年行政评价的实施战略计划》，这项战略计划包括：制定逗子市开展行政评价可行性报告，为逗子市在哪些部门、哪些事务日常项目等开展行政评价提出诊断书；其次各部在市的行政评价实施战略的基础上制定本部的实施行政评价的战略计划。对事务日常项目评价要确立模型，然后再以此为例开展评价。第三，从行政机关（政府部门）中抽调3人专门负责开展实施行政评价工作，并组成工作小组，经过一个月的调研后向市长提出实施行政评价活动指标、成果指标和效率指标。第四，行政评价的展开紧紧围绕顾客的满意度，以副部长为中心在各部门、各领域、各行业开展顾客满意度调查。市长要求亲自作记录，对各部的工作实行具体的监督。第五，对事务日常项目的监督机制体现在各部下属的科长要明确区分计划事业、预算事业，从中选出59项，针对这59项具体进行评价，并确立事务日常评价的模型。

（三）完善法律责任监督机制

逗子市行政评价的显著特点是开展行政评价的层次明晰，法律责任承担具体而明确。逗子市开展行政评价主要在三个组织层面同时展开，即政策评价组织、实施政策的监控组织及其事务项目的复核监控组织。政策评价主要是针对市长来进行评价；实施政策的监控主要是针对局长或处长来进行评价；事务项目的复核监控主要是针对科长（副科长）来进行评价。由此，可以看到在逗子市实施行政评价的过程中，评价主体和评价客体等内容层级明晰，法律责任承担具体而明确。具体说来，责、权、利界线明晰，特别是在事后评价中，对具体官员承担法律责任的追究方式方法具体而明确，为我国在城市开展行政评价或绩效评估过程中对领导职务法律责任追究提供了一个鲜明的例子。

（四）评价方法强调完善效率机制

逗子市在实施行政评价的过程中，特别是在实施行政评价的方法上始终强调完善行政评价的效率机制。完善行政评价的效率机制，首先从行政评价的妥当性上来分析研究行政评价的主体实施的方法是否具有妥当性，民和官的作用分担是否妥当。强调方法的妥当性，行政评价的企划立案方法是否妥当，行政评价的活动指标是实施评价的依据。其次，按最初行政评价的战略计划进行评价，是否取得了较大的成果，将成果指标通过数字表格来分析评价。逗子市实施行政评价在评价方法上完善效率机制，最具说服力的是将成本改善的状况通过效率指标的数字来表示。从行政评价的受益者角度来分析评价。评价的实质是通过方法的妥当性，成果指标和效率指标的具体运用，使政府的成本得到充分的改善，即用最小的成本，创造最大的效益，这是日本逗子市实施行政评价方法强调完善效率机制的佐证。

（五）完善行政评价的程序机制

逗子市完善行政评价的程序机制体现了以下几个特点。① 在三个层次同时展开评价，即政策评价的对象是市长，实施政策评价针对的是部长；针对具体事务日常项目的评价对象是科长；②在市长领导下制定的本市总的行政评价战略计划和各部在部长领导下制定的战略计划体现了目标的一致性，从对市长的评价，到对部长，再到对科长的评价，评价的内容由宏观到微观；③ 内部评价程序由上至下层层监督；④ 外部评价是从下至上由具体内容到宏观的内容。建立了比较科学的行政评价程序机制。

（六）市长身先士卒，身体力行

逗子市行政评价制度的开展，从行政评价方案的制定，到行政评价制度的实施，市长身先士卒，身体力行。市长本人高度重视推行行政评价制度。市长不但积极参与政策评价的制定，同时还积极参加由部长组织的行政评价研讨会，不但从总体上把握逗子市政策评价的方针、方法；还从局部把握部长领导的实施政策评价监督的原则和方法；使整个逗子市的政策评价要与部的实施政策监督的总方针和总的原则保持一致性。市长还要求部长和具体承担事务日常项目监督的科长要认真履行职责，对事务日常项目每天出现的重大问题要做笔录，及时与部长、副市长沟通，促使行政评价在评价过程中减少因政策制定的失误所带来的资金的浪费。市长身先士卒、身体力行是确保行政评价制度稳步推进的重要保证。

（七）日本逗子市实施行政评价制度以法推进

日本政府于2001年6月制定了《关于行政机关实施政策评价的法律》，2002年4月开始正式实施。逗子市在三个层面同时开展的行政评价中首先针对的就是政策评价。逗子市依据该法制定本市政府部门执行政策的评价内容、评价标准和评价结果，其目的是为了促进政策评价的客观性和真实性。通过实施政策评价反映政策的制定、执行和实施结果能够在有法可依的情况下稳步推进。

（八）彻底履行向国民的说明责任

日本逗子市实施行政评价依法律规定，主要是针对研究开发、公共事业和政府的开发援助等特定领域的政策实施评价。政府是国民根本利益的代表者和执行者，有必要而且必须定期将本政府实施的重大行政行为向国民（或市民）履行说明的责任。逗子市在政策评价中对市长的政策评价内容向市民公开；对部长或局长的评价内容更为具体，例如该项政策评价在实施前和实施后的成本方面的使用、预算等内容要向市民公布；对具体的项目评价主要是针对科长这一级的官员进行评价，评价内容是项目实施初期、中期或途中修改的原因，以至到项目实施结束后的结果的评价内容要向市民公开。其宗旨是实现以民为本的高效优质行政；高度重视、时刻以国民（市民）利益为出发点，是政府推行服务行政的具体体现。

（九）建立完善的政策评价组织体系，保障政策评价有序开展

日本的《关于行政机关实施政策评价的法律》中明确了政策评价的主体，即总务省的行政评价局及各县（省）、市主要领导组成的政策评价联合会。总务省行政评价局承担督察对各级政府及各县、市实施政策评价各项检查职能，保持总务省行政评价局的政策评价方针与各县、市政策评价方针的一致性，保持中央政府（内阁）和政府各部及地方政府实施政策评价原则的一致性，促进政策评价质量的提高，其宗旨是为了建立完善的政策评价组织体系。这是政策评价有序开展的组织体系保障。

（十）坚持理性的方式和量化的评价手段相结合

日本逗子市在实施行政评价的过程中，坚持理性的方式着重体现在逗子市推行行政评价和市所属的部（局）所推行的行政评价的目的和使命是一致的，都是

为了改善政府的行政服务方式和手段，宗旨都是为了提高顾客的满意度。测评顾客的满意度最明晰的方法就是量化评价手段，用数字来表达事务日常业务评价的活动指标、成果指标和效率指标，使政策评价坚持理性方式与量化的评价手段相结合。政策效果的评价应尽量运用合理且适应政策属性的评价手段，还要格外重视量化评价手段在政策评价中的运用。

第五章　关于我国行政评价法制度理论内容的构建

第一节　行政评价法的主体概述

行政评价的主体涉及的是由什么机构、组织来实施评价的问题。从国外的经验来看，能够发挥作用的组织形式应是多种多样的，各具特色的，才有利于发挥多样性的优势。

行政评价的主体应该是多元的，360 度评估自从 20 世纪 80 年代由美国 Edwards 和 Ewen 等学者提出并成功运用到企业中以来，有力地促进了企业的变革和发展。360 度评估又称为“360 度反馈”，是运用“多方反馈”技术，由与被评价者有密切关系的人，包括被评价者的上级、同事、下属和服务对象匿名对其进行全方位的评价，被评价者自己也对自己进行评价的方法[①]。360 度评估在企业绩效管理中取得巨大成功，最终被引进到政府绩效管理中。目前，政府绩效评估多元化已经基本形成共识。评估主体自身特定的评估角度和自身难以克服的局限性，导致不同评估主体在评估过程中有利有弊，会

① 王丹．论在政府绩效评估中引进多元评估主体［J］．行政与法，2008（3）：14．

面临着信息不对称的问题，而多元化的评估主体相互之间可以弥补自身评估信息的缺失，共同形成信息的完整性，使行政评价结果更加科学、准确。

行政评价的主体类型一般包括如下几个方面。

（1）常设型评价机构

常设型评价机构的优点是能够经常对各种行政决策进行评价。它一般着重事前评价，着重考虑如何对多种备选方案进行选择。一般要对政策的推出做许多事先的调查，如相关机构或上级部门的政策精神、法律在此方面的要求以及新政策的推出是否与现存的政策存在冲突，存在哪些冲突，冲突之处是否正常、妥当，对新的决策可能出现的后果进行预测分析等。它主要强调对多种方案的比较，从中择优。这种评价机构一般来说素质较高，保密性较强，评价的效率较高，不利之处是很难推陈出新，缺乏创新性的意见和建议。

例如，有的国家还确定了独立机构负责对绩效评估工作进行指导、督促和协调，并有选择地独立对一些部门的绩效进行评估。如英国的审计办公室负责对中央政府机构的绩效评估，审计委员会负责对地方政府的绩效评估。在美国，联邦政府的管理与预算局审批各部的年度绩效计划，总审计署自主选择项目或活动，独立地对政府机构进行绩效评估。日本将总务省的行政监察局改为行政评价局，赋予其可以超越各府、省的界限，行使包含政策评价职能在内的行政评价和检查职能。

一些国际金融组织也通过设立常设型的评价机构来开展其投资项目的后评价制度，如世界银行的执行评价局（Operation Evaluation Department），亚洲开发银行的后评价办公室（Post Evaluation Office），1999 年联合国开发署的后评价中心（Post Evaluation Centre）等。

（2）临时增设评价机构

临时增设评价机构的优点是不占机构编制，组织的目的明确、力量集中。一般来讲，临时增设的评价机构都是为了解决某个或某些专门问题而组织的，所以一般来讲在组织设立或启动前已带有明显的倾向性。人员一般是由各组织部门抽调的具有某些方面专长的人组成，可谓某方面的专家，故其评价往往具有绝对的权威性。其局限性则在于组织的临时性，使得它只能在某一时间段内发挥作用。

近年来，由行政领导组织发起成立的专题性咨询机构呈上升趋势。这种机构主要是根据行政领导的意图，对某项专题进行评估、预测，继而对行政领导的决策提供咨询。在发达国家，这种专题性咨询机构在推进政府改革和优化政府管理的过程中发挥了重大的作用。美国的经济与效率委员会于 1912 年建立，它提出的关于对建立行政预算的行政评价，使该制度于 1921 年得到实施。1981 年里根政府的咨询机构格利斯委员会对政府降低成本提高效率进行行政评价，使里根政府完成了工商业管理的改革。1993 年，美国总统责成副总统戈尔领导“绩效审查委员会”对美国政府引进企业运作模式进行评估，它的意见和建议直接推动了“重塑政府”运动。

（3）民间的评价机构

民间评价机构由于其与政府机构间的非领导关系，可以站在中立的立场看问题，不被行政领导的意志左右，使其评价更可能具备较强的公正性，并易被公众认可。此外，民间评价机构由于其获得信息的滞后性，主要以事后评价和监督性评价为主。虽然滞后，但这种评价也是非常重要的评价。因为事后评价不仅对此前的决策，而且对今后的一系列行政活动都可能发挥作用，影响行政机关作出延续、缩小或者扩大某些决策范围的决定。虽然常设型评价机构的评价也可以实现这样的目标，但因为立场不同，民间机构的看法更具参考价值。民间评价机构的弱点是与政府决策的联系不是特别紧密，沟通渠道也相对不够畅通。随着互联网技术的发展，也许将来会有更好的解决办法。

另外行政评价主体还和行政行为所处的阶段有关。比如行政决策执行前的行政评价，这个时期的行政活动一般尚处于运筹考虑之中，听取的意见当然应当是多方面的，但一般由政府内部组织来进行评价较合适；而在行政行为执行后进行的行政评价，则不局限于政府内部组织进行评价，应有更多的社会信息的反馈。对这部分评价信息的采集，可以由政府临时增设行政评价组织，也可通过某种固定的渠道反馈到设于政府内部的行政评价组织。

例如，我国环境评价法中规定了政府在作出涉及有关环境的决策时必须进行环境影响评价，评价机构可以是政府部门，也可以是政府部门通过行政委托的技术服务机构，同时也鼓励公众的积极参与。

具体来看，行政评价的主体来源有以下几个方面。

（1）行政机关

这里的行政机关，主要指的是政府内部组织评价机构。包括行政行为制定者和行政机构中的专职评价人员两种。按照评价者所属的机构在行政活动中所处的位置来划分，大致可以分为行政决策部门的评价者、行政执行部门的评价者以及行政监督部门的评价者。一般来说，内部评价机构处于行政活动的关键位置，能较全面地掌握行政活动全过程的面貌，获取有关行政行为效果的第一手材料，所提的建议也较容易被有关部门采纳。但内部评价者由于自身处于行政机构内部，易受机构中某些固有的价值观念和思维方式的影响，在评价活动中常由于机构利益的牵制和上下的压力而产生主观偏见，从而影响评价的质量。

（2）专门机构

这种专门机构是最主要的外部评价者，一般是受行政机关委托对行政行为进行评价。它包括营利性或非营利性的研究机构、学术团体、专业性的咨询公司等。这种评价机构置身于机构之外，不受机构利益的限制，可以较公正地进行评价；另外，由于他们是受委托进行评价，得到的信息充分真实，而评价人员都是专业人员，具有评价的丰富经验，因此他们作出的评价也有很高的质量。

其中，专门性的学术机构因其熟悉某个领域的知识，而在某个领域具有相对的权威性和可信性，对政府进行评估的利益相关性弱、评价立场中立、专业水平高、处理专业性问题的能力强①，所以很多国家都设置或委托权威的学术机构对政府进行评估。如韩国成立了由总统直接过问的经营诊断委员会②，这是一个政府推进改革的咨询和智囊机构，成员皆为政府以外的专家，由来自研究机构和大学的政治学、行政学、法学、经济学

① 包国宪．政府绩效评价中不同主体的价值取向［J］．甘肃社会科学，2007（1）：401．

② 范柏乃．韩国政府绩效评估及其对中国的借鉴意义［J］．公共管理学报，2006（4）：21-26．

的专家构成。统一负责对各个政府部门绩效测评指标的开发，并对各部门及其工作进行评估，就政府机构的职能、机制、制度创新和机构设置提出相关建议。

（3）民间团体

一些民间团体出于研究等目的也会自发地对行政行为作出评价。民间机构由于其独立于政府机构之外，常常能够不带偏见、较客观地进行评价，但他们要取得评价所需的各种材料却往往十分困难，所提出的政策建议也不容易引起有关部门的重视。但这也是一种重要的评价。

（4）公民

公民是对行政系统进行监督的外部力量，因此也是行政评价的主体之一。在现代民主社会，公民行政评价的重要性日益突出。尽管政府考评手段和方法的逐步完善，使其在自我评价方面更加系统化、规范化、客观化，但始终有可能受到某些因素的干扰，难免有自我保护之嫌。为了弥补自我评价可能出现的片面性，就必须加强公民对行政行为的评价。

公民是政府公共管理和公共服务的最终对象，又是纳税人，对政府绩效最有发言权。让公众参与到绩效评估的过程中来，将公民的满意度作为衡量政府绩效的重要标准，不仅符合行政民主化、法制化的基本要求，也可以对政府工作进行广泛的监督。通过对公民评估政府绩效结果的反馈，可以找到政府所提供的公共产品和公共服务与公民需求之间的现实差距，从而为政府提高服务水平和服务质量提供了依据，有利于政府绩效的不断提高。

但由于政府自身评估往往会受到自我“偏见”的影

响，公众有可能会作出对政府不太理性的判断[①]，而且，公众评价的成本过高。

第二节　行政评价法的对象

行政评价法规范的对象当然是行政行为，包括非行政机关的行政主体通过行政授权或委托而作出的行为。按行为的状态可分为未着手的新的行政行为和已着手至某阶段的行政行为；按行为对象的差异又可分为针对社会突变情况的行为和针对常态的行为等。

作为行政评价本身的评价对象还可以更加细化。

从行政的经济指标来看，行政评价的对象包括行政行为所需的投资，劳动力的投入，行政行为的产出，行政行为所产生的社会影响、经济影响等。

按照行政行为所进行的程序，行政评价的对象可分为针对新的行政行为进行评价，对未着手的行政行为进行评价，对实施中的行政行为的某一阶段进行评价，根据社会发生的突变情况进行评价。

按照行政行为内容特性，行政评价的对象可分为行政行为目的的妥当性，行政事业的有效性、效率性、延续性。

行政评价法更为关注的是那些更为具体的某些重大行政决策的决定和实施（比如修建大坝、拆迁、商业区的规划、禁渔期制度等），如何评价，法律如何介入合适等方面。因此，行政评价需要有一定的指标与标准。

---

①　吴建南．谁是“最佳”的价值判断者：区县政府绩效评价机制的利益相关主体分析［J］．管理评论，2006（4）：46-53．

第三节 行政评价的指标

一个好的行政评价体系应该明确评价指标，以度量结果和绩效。指标，是指在计划或统计中综合反映社会现象的数字，由指标名称及其数额所组成，如产量指标、质量指标等。行政评价指标，是指在行政评价的过程中，据以评价行政职能与行政绩效的各种量化的指标。

行政评价指标的设定必须遵循一定的原则。

一是全面系统原则，以反映行政机关职能及行政行为绩效为主线，将经济发展状况与社会发展状况综合考虑，使之全面地反映行政机关兼有行政管理及行政服务双重职能的特点。

二是实用操作原则，衡量行政机关绩效不仅要科学客观，而且要具有简便实用和可操作的特性。价值量指标与实物量指标相结合，尽量以指标的相对量来衡量，以便保持可比性和连续性。

三是可比性原则，所选指标要便于横向与纵向的研究分析，既要参照国际标准，又要充分考虑我国的国情特点，以及发展程度上的差异。

四是最小可靠原则，在具有几乎同等代表效果的前提下，尽可能满足指标数量的最小性和数据来源可靠性的原则，以使指标少而精，但又能客观合理地反映行政绩效。

国家人事部《中国政府绩效评估研究》课题组在总结国内外相关指标体系设计思想和方法技术的基础上，经过深入调查，并组织有关专家论证分析，提出了一套适用于中国地方政府的绩效评估指标体系。

该体系共分三层，由职能指标、影响指标和潜力指标（3 个一级指标、11 个二级指标以及 33 个三级指标）构成，适用于全面系统地评估中国地方各级政府，特别是市县级政府的绩效和业绩状况。如表 5-1 所示[①]。

表 5-1　　中国地方政府绩效评估指标体系

一级指标	二级指标	三级指标
影响指标	经济	人均 GDP,劳动生产率,外来投资占 GDP 比重
	社会	人均预期寿命,恩格尔系数,平均受教育程度
	人口与环境	环境与生态,非农业人口比重,人口自然增长率
职能指标	经济调节	GDP 增长率,城镇登记失业率,财政收支状况
	市场监管	法规的完善程度,执法状况,企业满意度
	社会管理	贫困人口占总人口比例,刑事案件发案率,生产和交通事故死亡率
	公共服务	基础设施建设,信息公开程度,公民满意度
	国有资产管理	国有企业资产保值增值率,其他国有资产占 GDP 的比重,国有企业实现利润增长率
潜力指标	人力资源状况	行政人员中本科以上学历者所占比例,领导班子团队建设,人力资源开发战略规划
	廉洁状况	腐败案件涉案人数占行政人员比率,机关工作作风,公民评议状况
	行政效率	行政经费占财政支出的比重,行政人员占总人口的比重,信息管理水平

其中，职能指标是主体评价的工具，针对职能绩效进行测量的指标就是职能指标。所谓职能绩效，是政府在其职能范围内所表现出的绩效水平，它有直接性和主

① 中国政府绩效评估体系面世：33 指标评绩效［EB/OL］.（2004-08-02）［2006-10-09］. http://www.xinhua.com.

体性，职能指标所检验的是政府管理的基本职能，它是绩效指标体系的主体。而影响指标则侧重以效果为本的评价，它是用来测量政府管理活动对整个社会经济发展成效的影响和贡献的，它具有间接性和根本性。这一指标直接考查的是政府的所有作为反映在人民生活中的实实在在的效果。潜力指标在于测量政府潜在发展动力，它实际上就是在测量政府在自身建设和内部管理方面的工作效果，反映的是政府内部的管理水平，是履行职能的基础。

国家人事部的这一研究成果，对于确定全面的、法制化的行政评价指标体系具有很好的借鉴作用，值得我们进一步探讨和研究。

第四节　行政评价的标准

推行行政评价制度，首先应当确立行政评价宏观上的标准。行政评价是对政府行政行为的评估，应以行政的目的为宏观上的标准。现代行政的目的是维护公共秩序，实现公共利益。所以行政评价应该是站在公共利益的立场，以人民的利益为根本，这是行政评价最基本的标准。该标准可以分解为三个：一是体现政府的核心职能基准；二是财政的控制基准；三是突出战略基准。

1. 体现政府的核心职能基准

行政范围日趋扩大及行政的复杂化，使行政的重点即政府的核心职能极易导致偏失，而政府的人力、财力、精力都是有限的，所以政府应当有所为有所不为。引入行政评价制度，以政府的核心职能为基准判断、衡量和评价行政行为，保证行政行为的科学化、合理化。

2. 财政的控制基准

财政是政府行政决策的物质基础。随着行政的日益扩大化，财政的总量是有限的，没有财政的保障，再好的行政决策也是无法贯彻实施的。财政控制是全新的政府行政评价标准，它将绩效评估、全面质量管理和产出服务的质量标准等现代企业管理方法引入到行政评价体系中来，以目标、产出成果和绩效的评价代替了传统的计划、评比方式，使行政行为有了新的衡量标准，为行政决策提供科学依据。

3. 突出战略基准

战略管理进入管理领域是在 20 世纪 50 年代，它早期应用于企业，近二十年来，西方的行政改革尝试将战略管理与政府管理相结合，确立了“使政府成为社会公共利益真正维护者和公共服务的提倡者”的战略改革方向，行政评价中突出战略基准的确立就是配合政府战略管理而设立的。战略基准将摆脱消极的行政，提高行政效率，克服非连续性的行政，使行政行为不会因政府领导班子的更迭而搁置。

除了这些基准外，行政评价还需要确立相应的标准。确定评价的标准，也非常有助于依据其标准来采用行之有效的评价方法。标准，是指衡量事物的准则。行政评价标准，是指针对各种指标所确立的行政行为准则，即针对行政行为的某一指标所要达到的最低要求。行政评价的标准主要应该包括有效性、效率、公平性、可行性、充足性和适宜性。

有效性（Effectiveness），即效能，是指一项政策实现其预期目标的程度。例如，一项旨在减少农村贫困人口数量的政策，在实施一定时间后农村贫困人口绝对数量的下降或脱贫人口所占的百分比，都是该政策有效性的表现。

效率（Efficiency），即为了这个结果付出了多大的价值，它是指相对于所投入的成本，一项政策取得的收益水平；或者相对于其所取得的收益，一项政策所需投入成本的水平。它往往以政策的收益成本比或纯收益来表示。

公平性（Equity），是指一项政策的收益和成本在相关群体中分配的平均程度。在有些情况下，一项政策在实施后，其总体目标能达到，满足了有效性和效率的标准，且收益成本比可能很高，但是，它所带来的收益或成本在有关社会群体中的分配不公平，同样也是不可取的。

可行性（Feasibility），是指在设计和选择政策方案时要从政治、经济、社会和管理的角度去衡量其可接受性。

充足性，即这个有价值的结果的完成在多大程度上解决了既定目标问题。

适宜性，即所得到的结果是否值得去做。

行政评价指标与行政评价标准之间是总—分的关系。往往是在一个指标下再设几个档次的标准。两者之间的关系见图 5-1。

行政评价指标体系庞杂，针对不同层次，不同方面的行政行为具有不同的评价指标，而对于每一个评价指标又有一个衡量的标准，这是由于事物的个性来源于他的共性，我国 2002 年颁布的《中华人民共和国环境影响评价法》第四条中就明确规定："环境影响评价必须客观、公开、公正。"作为各种环境影响评价的统一标

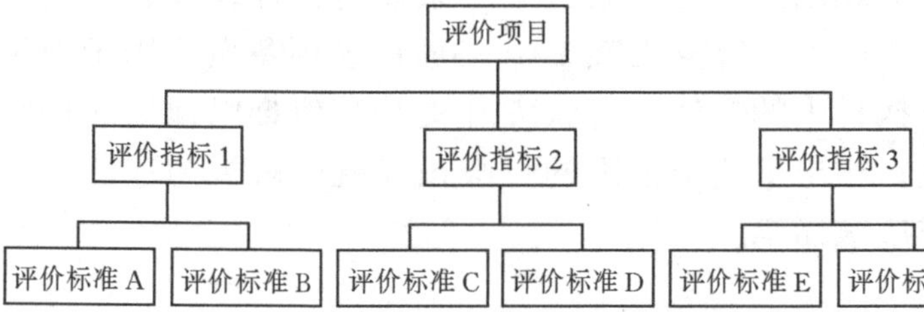

图 5-1　行政评价指标与行政标准之间的关系

准，这一规定进一步验证了确立统一的行政评价标准的可行性。基于行政行为的共同点，对行政行为的评价还是具有统一的标准的，即针对行政评价的每一个指标都应该做到公开、公平、公正及为人民服务的标准。

具体来看，当然不同情况标准也会不一样，有的详细，有的宏观，有的可以量化，有的只能大致判断。比如前面提及的公民按照自己的认识和判断对行政主体的行为进行评价，其依据一方面可能是行政机关公布的相关数据，给定的优良中差等级，也可能只是一个公民自己大概的感觉和自己个人的判断，这样的评价标准就是不确定的、模糊的，并没有也无必要赋予其法律效力，此种情况下需要法律保证的只是公民说出自己的判断和看法的权利。再比如，《中华人民共和国渔业法》第二十二条规定，国务院渔业行政主管部门负责组织渔业资源的调查和评估，为实行捕捞限额制度提供科学依据。国家确定的重要江河、湖泊的捕捞限额总量由有关省、自治区、直辖市人民政府确定或协商确定，逐级分解下达。捕捞限额总量的分配应体现公平、公正的原则，分配办法和结果必须向社会公开，并接受监督。这里的标准也是模糊的、宏观的。可以量化的标准，比如《中华人民共和国预算法》第三十二条规定，各级政府应当按照本级政府预算支出额1%～3%设置预备费，用于当年预算执行中的自然灾害救灾开支及其他难以预见的特殊开支，超出了这个范围的行政预算就应被视为违法、无效或应被撤销。

第五节　行政评价报告书

经过行政评价，还要把评价结果予以文本化、固定化，这就需要编制科学的行政评价报告书。鉴于国际经验，各国政府都最先把关于环境问题的行政行为纳入了行政评价法的范围，那么不妨以我国现有的《环境影响评价法》作为参照。

一、行政评价报告书的编制主体

依我国的《环境影响评价法》的精神，行政评价报告书的编制主体应该是各级行政机关及其工作部门，这样规定，其实是由行为者对自己的行为进行评价，事实上还是一种内部监督的手段，仍然不能避免行政权的专断，而鉴于我国的现状，又不可能把行政评价完全交给社会中介机构，因此，编制机关在编制过程中应当认真考虑有关单位、专家和公众对环境影响报告书草案的意见，并应当在报送审查的环境影响报告书中附具对意见采纳或者不采纳的说明。

二、行政评价报告书的内容

结合我国《环境影响评价法》第十条的有关规定，行政评价报告书应包括以下几个部分。

（一）行政行为的概况

①行政行为的基本情况。即概述行政行为的可能的影响范围和对象、实施行政行为的行政主体、行政行为的起始时间。

②行政行为的决策要点。即行政行为的决策理由、决策目标和目的。

③行政行为的实质内容与可行性论证书。即首先明确行政行为的性质，确定行政行为具体是属于行政许可还是行政强制或是其他性质的行政行为，对于明确实施该行政行为应具备的条件、应使用的方式等问题具有重要的意义。其次，把行政行为的实质内容具体化，把整体的行政行为拆分成若干个子行为，界定每一个子行为的含义与范围，并辅之以针对子行为的可行性论证书。

④行政行为的具体实施进度与阶段性成果。即行政行为完成的周期、各个阶段的起止时间，时间进度表以及阶段性成果。

⑤行政行为的预期财政投入与资金的分配。即明确完成行政行为的公共资金的流向，具体到分解后的每一个子行为所使用的资金的情况。

（二）行政行为的过程评价

①行政行为实施前期的情况与评价。行政行为作出的背景、依据、必要性、准备工作、前期工作各阶段审批文件的主要内容、前期工作各阶段主要指标的变化分析。

②行政行为实施情况与评价。包括实施阶段所遇到的障碍、实施阶段主要指标的变化分析，行政行为的调整与变更情况等。

③行政行为的成本分析与运营情况。即行政行为的

投入成本如何，各个阶段资金的投入和产出，以及是否达到预期的效果和目标的综合分析。

（三）行政行为的效果评价

这是指行政行为实施后从整体上对行政行为所产生的效果与预期的效果相比较进行评价，对行政行为进行成本—效益的分析。

（四）行政行为的影响评价

对行政行为可能造成的影响的分析、预测和评估。这一部分是行政评价报告书的核心内容，只有在充分调查研究的基础上，对获得数据进行科学的分析，并作出合理的预测，才能确保作出正确的行政行为。影响评价主要包括了环境和社会效益两个方面。对环境的影响评价是指行政行为的实施是否会涉及环境，是否会对环境产生一些正面或负面的效果；对社会的影响评价是指行政行为对主要利益群体以及实施地区发展、就业和人民生活水平提高的影响，对当地政府的财政收入和税收的影响。

（五）行政行为的目标与可持续性评价

目标评价即指该行政行为的短期、中期、长期目标以及现阶段所达到的目标。可持续性评价是指从内外部因素来综合评价行政行为的持续发展能力。

（六）专家论证与公民参与部分

特殊情况下，需要附听证报告。一件行政行为不分大小，都会影响到行政相对人的利益，有时甚至会影响公共利益，关乎社会发展，反映政府形象，而且，许多行政行为，例如影响环境的行政行为是具有不可回转性的，一旦作出，不可挽回，因此在作出之前一定要慎重，进行反复论证。当然，考虑到行政效率的问题，对一些一般性的行政行为在作出之前，需要作出与其重要性相当规模的专家论证，而对一些关乎国计民生、具有不可撤销性的行政行为就要进行公开的听证。为了不使这种参与流于形式，还要把专家论证与公民参与的具体情况详加记录，政府对这些意见和建议是否采纳、采纳多少、采纳后对行政行为的影响、采纳与不采纳的理由都应详细列明。同时，还要将政府处理这些意见的最后结果反馈给民众的情况列出。

（七）行政行为评价的结论

这是指对行政行为评价的结论、存在的问题、主要经验教训以及对策建议等问题作出的结论。

经过行政评价报告书的制作过程，对行政行为进行了一次全面的论证，使行政行为的作出更加规范化、程序化、科学化，确保了行政行为的正确性和合理性。

第六节　行政评价的类型与方法

一、行政评价的类型

行政评价按不同的标准可以分为不同的类型，主要包含以下三种。

1. 按评价的主体来区分，评价可以分为内部评价和外部评价

（1）内部评价

内部评价即由行政机构内部的评价者所完成的评价，它还可以具体地分为由操作人员自己实施的评价和由机构中专职评估人员实施的评价。

由操作人员自己来实施的评价，即由行政行为的决

策者或执行者来进行的评价。这类评价的优点在于由于评价者本身是决策者或执行者，因此对行政行为有全面、明确的了解，有助于行政评价的顺利进行。而且，由于评估者直接参与行政行为过程，他们有条件根据自己的评价结果迅速调整自己的行政行为，使评价最快、最直接地发挥作用。而缺点就在于评价的结果往往关系到评价者的个人声誉或者所在机构的局部利益，因而很容易隐瞒事实真相或带有很强的主观色彩及片面性，这是与评价的目标完全相悖的。除此以外，操作人员缺乏评价所需要的专门的方法、技术，也会影响评价的效果。

由行政机构专职评估人员所实施的评价，它可以有效地克服操作人员评价所存在的一些问题，如缺乏必要的技术、方法，无法进行宏观分析等。但是，由于其置身于机构内部，这些评价仍然受到机构利益的牵制，他们必须平衡好与操作人员之间的关系，并听命于机构负责人的指示，因此，他们的评价仍然具有很大的局限性和失真性。

（2）外部评价

外部评价是由行政机构外部的评估者所完成的评价，它可以具体分为受行政机构委托实施的评价，由投资或立法机构实施的评价，由其他外部评估者进行的评价。

受行政机构委托进行的评价是最主要的评价方式，由行政行为的操作人员以外的评估者进行的评价。营利性或非营利性的研究机构、学术团体、专业性的咨询公司、大专院校的专家学者，都可以成为被委托的对象。较之前面提到的内部评价，它的优势显而易见。首先，由于置身于机构之外，因此不受机构利益牵绊，能够较客观、公正地评价。其次，评估活动是以委托的方式进行的，因此有利于建立起评价者与被评价者之间相互信任、相互合作的关系，促使评价顺利进行。再次，受委托的评价者一般都具有丰富的专业知识和评估经验，这会大大提高评价的质量。但是，同时也存在一定的弊端。因为评价人受机构的委托，因而在评估经费、评估资料等方面都必然受到委托人的牵制，这就造成评价人实际对委托人负责，而不是对社会效益负责，从而达不到科学评价的目的。

投资部门所组织的评价也是一种重要的外部评价方式。投资部门关心投入行政行为的各种资源是否得到了合理的利用，在一定条件下，他们会组织评价。这种评价客观、公正，基本能够体现评价活动的本质要求。但是也有其缺点，首先投资部门是一个机构，有自己的利益选择，其评价基本属于个体评价，它主要关心的是利益，这样就很容易忽视其余因素在评价中的地位，有失公正性。另外，由于这类评价的结论对于被评价的部门至关重要，为了得到有利于他们的结果，被评价的部门很可能虚报资料，这样就会导致评价结果的失真。

还有一种是民间行政评价。这类评价的范围很广，例如，一些研究机构、学术团体出于研究的目的而进行的各种评价，舆论界、社会团体、公民自发进行的评价等。这类评价主体由于和被评价对象不存在直接的委托关系，也不代表任何机构的利益，因此能够客观、公正地评价。而它的弱点就是，评价活动缺乏权威性，评价所需要的资料难以取得。

2. 按评价的时间区分，评价可以分为预评价、执行

评价、后评价

（1）预评价

预评价是在行政行为执行前进行的评价，带有预测性。在行政行为执行以前作出正确的评价，可以发现行政行为的缺陷并进行调整，将行政行为失误带来的损失降低到最小的程度。同时，它也是执行评价与后评价的基础。

（2）执行评价

执行评价是在行政行为执行的过程中所进行的评价。由于实际情况的复杂性，行政行为的实际执行中会出现许多行政行为的决定者所不能料及的问题。执行评价就是具体分析行政行为实际执行中的情况，准确反映出执行的效果，并根据实际情况，及时采取有针对性的措施，以更好地实现行政行为的目标。

（3）后评价

后评价是行政行为执行完成以后所进行的评价，它是非常重要的一种方式。一般民间所进行的评价均属于后评价，是一种有效的监督评价，非常有利于对依法行政进行监督。当然，后评价也包括对实施行政行为的机构所进行的评价，它对改进行政行为具有重要的决定性作用。

3. 按照评价的内容分，行政评价可以分为需求评价、过程评价、效果评价

（1）需求评价

需求评价就是通过调查研究和分析，了解一个社会或一个群体的需求，即评价政策运作所需的各种社会条件是否已经具备以及现有政策是否能满足社会需求。政策需求评价是政府设计政策议程、制定政策计划（和重

要项目）的必要前提和重要依据。

（2）过程评价

过程评价是对政策执行过程的评价，主要评价政策的执行是否按照原定计划进行、执行的程度等，这种评价可以及时发现执行中存在的问题，并适时地采取纠正措施，有利于行政目标的达成。

（3）效果评价

所谓的政策效果评价，主要包括三个方面：一是政策的有效性，即政策实施后实现其预定目标的程度；二是政策的效率，即政策实施的成本与效益的分析；三是政策实施后的公平性，即政策实施后带来的利益或造成的损害在相关的群体中分配得是否公平。

二、行政评价的方法

可以用来进行行政评价的方法有很多，而且几乎所有的方法都可以和其他的方法结合使用。但总的来说，笔者认为这些方法可以分为三大类，即定量评价方法、定性评价方法以及系统评价方法。

1. 定量评价方法

定量评价是一种理性评价，它综合运用运筹学、系统分析、数学、统计学以及概率论等科学，可以较直观地反映出评价的结果，也有利于客观准确地进行评价。这方面可以借鉴日本行政评价的经验，如行政财政数据化、行政评价指标的计算等。

具体来说，定量评价方法有三类，即实验方法、准实验方法和非实验方法。所谓实验方法，就是首先随机确定两个条件一样的组——实验组和控制组，在实验组实施某种政策，而在控制组不实施该政策，然后通过两个组的对比，来评价政策的效果。

所谓准实验方法，就是在无法满足真实实验所要求的严格条件的情况下，放弃对某一个或几个变量的控制，依然通过实验方法中采用的对比方法，对政策进行评价。

所谓非实验的方法，包括政策实施后的简单事后评价、政策实施“前后”对比以及预测结果和实施结果对比等。

2. 定性评价方法

定量评价方法的方法论为经济理性或称工具理性，以理性主义作为基础。而定性评价是超理性的，它强调问题与问题之间、方案与方案之间，个人、组织与国家及社会单位之间是相互联系、相互作用的关系。定性评价与定量评价各有利弊。因此，在实践中应当将定性分析与定量分析有机地结合起来加以应用。

3. 系统评价方法

所谓系统，是指由两个以上不同的要素构成的集合体，系统内各要素之间存在着一定的联系和相互作用，形成特定的整体结构并适应外界特定的环境。分系统从属于更大的系统。系统方法建立在系统观点的基础上。所谓系统评价方法，就是将研究对象放在系统的格局上加以考查，始终注意系统整体与组成要素之间，系统自身与外界环境之间的相互联系、相互作用的关系，综合地、动态地研究处理问题，使解决方案最优化。

系统评价具有整体性、综合性的特点。它强调从全局出发，考虑系统、子系统及要素之间以及它们所处环境之间的相互关系和相互作用。由于系统中的各要素不是孤立存在的，因此它注重各要素之间的相关性，同时也注重系统与环境之间关系的评价。系统评价方法兼具定性评价与定量评价，系统分析应该作为一种指导方法贯穿于其他所有具体分析方法的始终。

第七节　行政评价的程序

评价活动一般分为事前的调查、论证或听证、评议作出结论这样几个阶段，当然有的还有事后的继续跟踪、复评等过程。例如，《中华人民共和国水法》第十六条规定："制定规划，必须进行水资源综合科学考察和调查评价。水资源综合科学考察和调查评价，由县级以上人民政府水行政主管部门会同同级有关部门组织进行。"水利部 1997 年 12 月 21 日颁发的《水利工程质量管理规定》第二十九条规定："设计单位应按水利部有关规定在阶段验收、单位工程验收和竣工验收中，对施工质量是否满足设计要求提出评价意见。"这实质是通过行政委托要求设计单位对政府主管部门是否应当实施批准该工程的行政行为提出评价意见等。

西方发达国家行政评价程序法中的某些做法，值得研究借鉴。首先，西方国家对政府行政立法行为的评价和行政实施行为的评价一样较为重视。比如在涉及环境的立法建议时，往往规定也需要实施评价。如《美国国家环境政策法》第二条第三款就规定了要将环境影响评价应用于对环境质量具有重大影响的每一项立法建议和其他重大联邦行动，而且包括规划、计划等经济技术决策。欧盟于 1996 年也曾颁布过一个《关于一定计划与规划环境影响评价指令建议》（Proposal for a Council Directive on the Effects of Certain Plans and Programs on the

Environment)，其中规定，有关主管当局在采纳有关计划和规划之前应考虑这些计划和规划实施时可能会产生的环境影响，应在成员国制定的计划和规划中开展环境评价①。而我国目前的环境影响评价制度还仅限于对具体建设项目的评价，未涉及立法（广义）活动。

其次，评价实施过程中公众的广泛参与。目前我国的行政评价还是以行政机关自我评价、上级评价、党的组织和权力机关（人大）的评价居多，对社会公众的评价还不够重视。但已有一些让人欣喜的现象，比如有不少地方举办过市民评议政府的活动、网上测评等，但那毕竟不是一种制度，如何使民间评价从目前的一般性评价转向实质性评价，公民真正参与在程序上实现颇值得进一步探究。

其中，美国学者谢·阿恩斯坦（1969）曾提出“参与阶梯”的概念②（见图 5-2），其核心内容是提出了“参与的程度”这个关键特征。她认为重要的是，在那个决定公共事务的世俗权力之外，公众应该得到多少或多大程度的发言权。从中可以看出，她所追求的参与程度的实

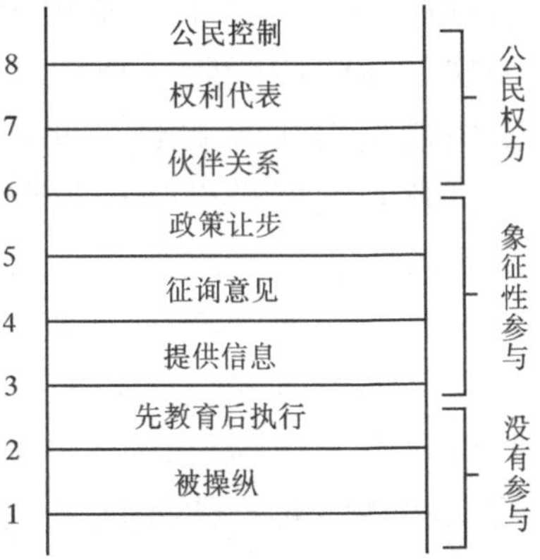

图 5-2　阿恩斯坦的公民参与阶梯表

① 萧榕. 世界著名法典选编［M］. 北京：中国民主法制出版社，1997：345-355.

② 尼格尔·泰勒. 1945 年后西方城市规划理论的流变［M］. 李白玉，等译. 北京：建筑工业出版社. 2006：83，85.

现有一定的理想的色彩，但对避免行政评价中的公民参与流于一种形式有一定的启迪意义。

在行政评价的过程中，公民的参与意味着改善政府与公民之间的信息交换机制，实现公民和政府之间协商的过程，公民参与可以广泛听取公民的建议和要求，让公众了解政府行为，增强公民对行政决策的认同，提高行政决策的社会效益，使规划和建设工作能够适应社会多元化的发展；同时，使建设项目和规划的编制能被公众所认可，并提高项目的社会效益。

第六章 我国实施行政评价制度的地方性探索

第一节 我国地方城市政府的行政评价制度

一、浙江省杭州市余杭区的“法治指数”[①]

为了建设法治余杭的目标，在2006年4月，我国浙江省杭州市余杭区在全国率先推出全方位的法治评估体系。“法治余杭”量化评估体系确立了一个“法治指数”、四个“评估层面”、九张“调查问卷”。其中，一个法治指数是通过数字的方式对年度余杭法治发展水平进行的最直观的评价。四个“评估层面”囊括区本级、区级机关各部门、各镇乡（街道）和村（社区）四个层面；九份“调查问卷”设计为党风廉政建设、政府行政工作、司法工作、权利救济、社会法治意识程度、市场秩序规范性、监督工作、民主政治参与、安全感和满意度。

“余杭法治指数”评估体系的基本原理是：事先设计一系列法治参数的标准，再收集有关实际数据和资料。将实际数据资料对照事先制定的明确法治标准，并进行

---

① 杜福海．余杭“法治指数”出台始末［N］．法制日报，2008-07-06（2）．

数量化的计算，测算出“余杭法治指数”[①]。

法治余杭量化考核评估体系，规定得比较详细。例如，针对政府行政权力的评价，其目标是“全面推进依法行政，努力建设法治政府”。其考评标准为：发生行政诉讼，主要领导出庭率不低于90%，裁决处理到位率达到100%，当事人对法律文书（判决、裁决、调解书）自觉履行率达到90%以上；每少一个百分点各扣1分；超过规定履行期限的，每例扣5分；拒不履行的，发生一起，此项不得分。

余杭全区48个政府部门、14个乡镇街分共性、个性均在《法治余杭量化考核评估总指标》列项考核。

区卫生局因卫生信息发布不及时或不准确，造成严重后果的，每例扣2分；因对重大灾情、疫情、突发事件处置不力造成严重后果事件发生的，每件扣2分。

区教育局发现教育乱收费和违规办学被查处的，每例扣2分。

质监余杭分局未完成WTO/TBT的培训、ISO 9000系列标准的执行、计量器具的检定等质监标准化年度计划的，分别各扣1分；农业循环经济标准化项目未通过国家立项和制定出实施方案的，分别扣1分。

二、昆明城市法治建设量化评估体系[②]

云南省昆明市率先在省会城市中启动了法治建设量化评价体系的课题研究，试图通过客观、中立、系统、

---

① 钱弘道. 余杭法治指数的实验［J］. 中国司法，2008（9）：61.

② 储皖中. 首个城市法治建设量化评估体系在昆明“开题”［N］. 法制日报，2008-12-03（8）.

量化的方式，呈现昆明市法治建设、法治环境的现状，为有关部门的决策、外来投资、学术研究提供科学依据。昆明这种利用量化的指标评价并考核城市法治建设工作的绩效，被称为“量化法治”。

这种政府法治建设的量化评估体系主要包含三个类型的指标：独立性指标、执行性指标、普遍性指标。

独立性指标，是指不与上位体制发生关联，依据本市社会、政治、经济、文化现状即可确定其水平的指标；第一类指标所反映的是“作为一个人文地域的昆明”的法治观念。其中有较多的主观性指标，用以衡量昆明市政府机构、司法机关、人大系统、法律职业者、普通市民、企事业单位和其他焦点团体中人们的法治观念及他们的主要诉求。

执行性指标，是指根据上位法律和体制安排需要执行的事项，这些事项执行的好坏，构成衡量指标高低的变量；第二类指标所反映的是“作为一个行政辖区的昆明”的法治建设水平。针对昆明市的具体情况，将昆明市内的人大、行政、司法等单位的法治建设工作的绩效予以量化。

普遍性指标，是指以普遍的法治原则为标准，对昆明市的法治水平进行衡量的指标。这三类指标之间并非各自独立而是互相兼容和互相影响的一个整体。第三类指标所反映的是“作为一个社会的昆明”的总体法治水平。这类指标反映的是在法治原则标准下，昆明在全国乃至全球的人居社区中所处的法治水平。这一层面的指标将上一层面中所忽略（或简略）的，但在法治社会的评价标准中至关重要的一些指标（例如刑事案件的审查、法律的确定性、法律救济的途径等）作为评价的对象。

第二节　沈阳市行政评价法律制度的完善

“政府工程”是城市公共建设的一部分，在每一个城市都是屡见不鲜的，沈阳市也不例外。为了保证政府行政行为的科学性，就要对这些行政行为进行评价，尤其是要实现科学的行政评价的常态化。在法治城市渐行渐近的过程中，政府行政评价也需要纳入法制化的轨道。

一、沈阳市行政评价法制化的必要性

1. 行政评价法制化是推进沈阳市依法行政，实现城市法制化的必然要求

政府不能想做什么就做什么，想怎么做就怎么做，对政府的行政行为应该有一个评价的过程，以此决定哪些行为必须做，哪些行为做比不做的意义更大，怎么做成本最低。为了防止行政评价流于形式和被滥用，对行政评价本身需要有法律的规范。行政评价法律制度着重于以法定的程序对行政行为的可行性、效果、成本、收益、时效等进行评价，通过评估和公开行政绩效，使得行政权力得到程序上的控制，这是行政行为趋于理性化的表现。政府行政评价的法制化就是对政府行政行为的一种监督方式，其实质上是对行政权力的一种有效制约，控制行政权力的滥用，这是政府依法行政的应有之义。沈阳市政府作为市级地方政府，行政评价的法制化将大大提升政府依法行政的科学水平，推进城市法制化的进程。城市法治作为整个法治建设的最重要一环，是

依法治国的基础和根基，只有处于执法第一线的县市实现法治，法治国家的建设才会有希望。

2. 政府行政评价的法制化是构建和谐沈阳，振兴东北老工业基地的重要保障

行政评价的法制化使对政府行政行为的评价成为一种常态。而在法制框架内的行政评价，就是要求政府的行政行为要公开地接受包括公众在内的各方的检验和评估，保证行政决策的科学化。这就意味着评价的过程还包含了政府与公众的一种回应机制，使得双方有一个协商的过程，缓和了传统行政权力的强制性，增强了交涉性的因素，这将大大地消解行政框架内政府与公民之间的紧张关系，化解由于双方的信息不对称所产生的矛盾和冲突，有利于社会群体性事件的解决，促进官民之间和谐关系的建立，加快和谐沈阳的构建。而行政决策的科学化将为沈阳的振兴提供正确的方向指导，官民之间的和谐、社会的和谐又将为沈阳地区经济的发展创造一个良好的环境，这将是振兴东北老工业基地的重要保障。

3. 政府行政评价的法制化是保证政府公共资金的最优化配置，预防政府腐败的有效制度

公共治理的理念正广泛地影响政府的公共行政，促使政府追求“善治”的目标，即实现公共利益最大化的社会管理过程。事实上，在政府实现公共利益的过程中，必然需要使用公共资金，而公共资金又总是有限的，如何使用有限的公共资金实现公共利益的最大化就是政府面临的一个问题。政府行政评价的法制化正是从成本—效益的分析出发，对政府使用公共资金进行程序法上的控制，促使有限的公共资金实现最优化的配置。

另外，从经济学的角度来看，基于“经济人”的假设，政府官员在使用公共资金的过程中，总会有一种趋利倾向，而行政评价的法制化则对政府支配和使用纳税人的钱去做什么进行了有效的法律监督，增强了公共资金使用的透明度，保证纳税人的钱不被滥用，只用于公共利益，而非个人利益，减少了滋生腐败的空间，因此，在一定程度上也预防了政府的腐败。

二、沈阳市政府行政评价的现状与问题

早在 1998 年 12 月初至 1999 年 1 月中旬，沈阳市就举行了大规模的市民评议政府活动，其目的在于：让老百姓有公开表达意愿的机会。这次活动在近两个月的时间里采取问卷的形式，组织广大市民对市政府 1998 年的主要工作进行了评议。这种以满意原则为导向的人民群众评议政府机关活动是沈阳市地方政府绩效评估的一种新形式和新机制，增强了政府服务意识，改善了政府服务质量，提高了服务效率。

国务院在 2004 年发布了《全面推进依法行政实施纲要》，明确提出“经过十年左右坚持不懈的努力，基本实现建设法治政府的目标”。同年，沈阳市人民政府出台了《沈阳市人民政府关于贯彻〈国务院全面推进依法行政实施纲要〉的实施意见》，提出建立法治政府的目标，同样，评价政府制度的建立也应成为法治政府的一项重要任务。

沈阳是全国最早实行政府工作绩效量化考评的城市之一。在 2006 年 11 月沈阳市政府颁布《沈阳市工作目标绩效考评办法（试行）》（简称《办法》），在《办法》中，明确规定了专门成立沈阳市工作目标绩效考评委员

会，专门负责全市工作目标绩效考评工作。为了保证绩效考评具有可比性，按照情况和职能大体相似或类似的原则，对考评部门实行合理的分类。绩效考评的内容包括基础考评、动态考评和社会评估。对考评内容合理分项，科学赋值。基础考评分为A，B，C，D四类，动态考评是指按照鼓励先进、鞭策后进的原则，设置加减分及局部否定因素。动态考评的加减分项有：对超额完成任务，工作取得重大创新成果，年度工作受到省委和省政府以上机关表彰，在全国某些范围内排名位次前移，为经济社会发展作出特殊贡献，支持经济发展成效显著，完成市委和市政府主要领导交办的重要任务成绩突出的，给予加分；对未完成工作任务，工作出现明显失误，严重影响信访稳定，企业特别是外商投诉及腐败案件发案较多，受到市委和市政府及上级机关通报批评的，给予减分。对出现重大的信访事件、企业特别是外商投诉案件、腐败案件和治安灾害性事故的，实行局部“一票否决”，扣除所在考评项目的全部分数。在基础考评、动态考评基础上，进行社会评估。针对绩效考评结果，分别实施不同的奖惩办法，以此形成一种激励机制。

在2008年9月26日，沈阳市政府绩效评估工作正式启动，按照《沈阳市人民政府关于开展绩效评估工作的实施意见》，评估对象为各区县（市）政府及开发区管委会；政府组成部门、市直单位；部分中直、省直驻沈单位。绩效评估对象分为A，B两大类，A类包括区县（市）及开发区，共15家；B类包括政府组成部门、市直单位及部分中直、省直驻沈单位，共68家。A类评估内容为四大项40小项，包括经济发展、以民生为重点的社会建设、生态环境建设、政府自身建设，总分值1000分；B类评估内容为两大项9小项，包括重点工作和效能建设，总分值为100分。考核内容上除了经济发展的指标外，还新增加了文化体育工作、供暖工作、社区建设、生态城市创建、节能减排、城市建设、城市管理等14项指标，更体现了对以民生为重点的社会建设情况的考核。

随着近几年的发展，沈阳市政府行政评价制度化的进程不断加快，其中也取得了一些成绩，但仍在不断完善之中。其中，尚存在如下一些主要问题。

①在评价的性质和价值目标上，目前政府行政评价仍被视为是对政府工作或政府业绩的一种常规考核，无异于通常的年终考核，而如果政府的绩效评估仅仅停留在这个阶段，很容易使这种制度流于一种形式，可能沦为政府应一时之需的应景行为，甚至是成为政府的作秀，不可能成为常态的行为，更不会形成长效的约束机制。对于绩效评估的性质和价值目标的定位将直接影响这种制度的未来走向。

②在评价类型上，行政评价仅仅是一种事后评价，缺乏完整的评价系统。通过近年来沈阳市政府行政评价的实施情况来看，仅仅侧重于对政府行政行为的事后评价，固然事后评价能够对先前的政府行为进行积极的反馈，但毕竟是一种事后监督，着眼于既成的结果。而政府的行政行为一旦作出就会产生影响，如果非要等到负面后果已经出现再去评估行为的性质，对于行为的矫正已于事无补。可以说，这种以事后评价为主的政府绩效评估是一种单一的静态评价，对行政权力的监督和制约都是有限的，往往给政府的行为留有一定的恣意而为的

空间，并且是以不利后果的产生和公共资源的浪费为代价的。例如，城市建地铁，若是等到塌方事件频发之后再去对其中的行为进行评估，岂不为时已晚？再如，城市盲目地规划扩建一些市政项目，几年后被荒弃掉，此时再去评价，巨大的投入已不可能追回。

③在评价内容上，政府行政评价侧重于对经济发展情况的评价，在2008年沈阳市政府行政评价中几乎有一半指标考核经济发展，体现经济发展的指标权重达50%。经济水平固然是城市发展的要务之一，但对于政府的评价应该是全面的，尤其是在现代公共行政发展的影响下，政府的公共职能是多向度的，应当包括宏观调控、公共服务、社会调节等。因此，评价内容也应当是多要素的。政府绩效评估是具有导向性的，过于重视经济发展的考核，容易使政府忽视经济之外的综合发展。

④在评价程序和方法上，公众的参与和中立的第三方的介入还是非常有限的，评价程序的包容度不高，评价的中立性不强，这无疑将对评价结果的科学性产生重大的影响。在沈阳市近几年的绩效评估中，我们不难发现，虽然没有忽视公众对政府评价的作用，但公众评价在整个评价中所占的比重不大，并不是决定评价结果的关键因子，更没有确定公民作为行政评价主体的一部分，况且公众评价的途径和方式也没有明确的规定。这使公众参与评价处于一种随意状态，欠缺规范性的操作。至于评价方法的科学性也是政府绩效评估所面临的一个问题，尤其是要考虑如何做到量化的科学评估。

三、沈阳市行政评价法制化的完善

浙江省杭州市余杭区推出首个“法治指数”，并引起 130 多家新闻媒体的关注，更令人深思的是，“法治指数”的出台，它反映了政府和老百姓在依法治国的进程中，目标和理想是一致的，只有早日实现“法治城市”，才能尽快实现“法治国家”。

现代公共行政追求法治行政，在我国依法治国的背景下，更强调要依法行政，因此，一个政府实施法治的状况理应成为评价政府的一个重要组成部分。构建“法治城市”要通过细化“法治指标体系”，更具体地来说，通过“法治指数”的设定，来确定、衡量“法治城市”的科学内涵。那么，什么样的“城市”才能称为“法治城市”，构成“法治城市”需要从哪些方面进行评价，对称为“法治城市”的评价方法应采取什么样的评价方式和手段，“法治城市”的“法治指数”如何设定等一系列问题需要做进一步大胆的探讨。

结合本地的实际情况，以沈阳市政府为例，将“法治沈阳”的构建以五年为一个阶段，在这五年的法制化进程中，每年沈阳市人大及其人大常委会都颁布了哪些地方性的法规，沈阳市政府都制定了哪些政府规章；通过近五年地方法规的颁布和地方政府规章的制定的数量的比较，确定数量是否具有递增的趋势。

在司法方面，针对法院、检察院，其宗旨是“促进司法公正，维护司法权威”的评价内容，具体要针对本市所辖 7 个区的基层法院、检察院和市法院、市检察院五年来的受案件数的调查，分析民事、刑事、行政案件的受理情况、结案比率；从中重点分析行政诉讼的案件、民告官的案件，国家赔偿案件的比率，这是政府内部实施行政评价不可忽视的一个主要方面。

对于沈阳市政府的行政评价，主要应该包含对行政立法的评价和行政执法的评价。就行政立法的评价而言，应注重立法目标的评价、立法参与者的评价、立法的评价范围、立法效果的评价等方面。

1. 对立法目标的评价

这主要体现为在立法评价中，要充分研究法规草案提出者向立法机关提交的草案说明，对其所提出的立法目的做深入的必要性分析，并进行社会论证，以期实现立法的实质正义。注意立法目标与改革决策相统一，立法进程与改革进程相适应。对立法目标的评价实质，在于实现对行政立法在源头上的控制，不是行政机关想立什么法就立什么法，也不是看别人立什么法就立什么法，更不是政府突发奇想地为了吸引人眼球的花瓶式的立法，这些立法都有可能丧失实质正义，成为悬在半空中的立法。所以，立法目标的科学性是评价的核心。

立法准备阶段的民主化程度决定着立法的最终结果。立法准备阶段民主化程度的评价要素有：参与主体的多元化；立法调研和论证的广泛性；协调的力度和充分程度。这就保证了立法的民主性。

2. 对立法活动参与者的评价

（1）对立法部门组成人员的评价

包含：①组成人员的专职化程度；②组成人员的年龄结构是否合理；③组成人员的知识结构是否合理；④组成人员的民族和性别结构是否合理。

（2）对立法机关专责立法工作部门的人员评估

对立法机关专责立法工作部门人员的评估要素：①是否具备相当的法律专业知识、与各行业管理相关的业务知识；②是否掌握和熟练运用立法技术；③文字表达水平的高低；④职业道德水准的高低。

（3）对参与立法的公众则侧重从以下方面去评价

①参与者的广泛性（涉及职业、年龄、文化程度、性别、民族等方面）；②参与者的代表性；等等。

3. 立法的评价范围

针对行政立法效果的评价，国外的一些实践可供参考。在美国，将其规章审查制度中需要审查的规章范围主要限定在已经或将会对大量小实体产生重大经济影响的规章上。德国主要从经济范畴来界定需要进行后评估的法律法规，如对公共财政的影响；考虑财政计划；开支的增加/收入的减少；对各州和地方财政的影响；经济，特别是中小型企业的成本；对消费者的影响；对个别价格和价格水平的影响；成效监督；等等①。就我国的情况而言，为了防止行政权力滥用，使行政立法反映最广大人民的根本利益和共同意志，应将对行政立法的评价范围限制在以下几个方面：对人民群众切身利益有重大影响的立法；由于政治、经济形势的变化，需要进行修改的立法；为废、改、立提供信息而需要进行评估的立法；等等。

4. 对行政立法效果的评价

即对行政立法实施一定期限后的协调性、可操作性和有效性等方面进行评价的过程。

涉及对行政立法效果评价的内容，不妨借鉴一些国外的实践。德国立法效果评估的主要内容是目标的实现、公众的接受程度、文本的技术高度、社会成本副作用；英国的评估重点集中在竞争测试和分析法律对经济、

① 段莉莉. 关于建立立法后评估制度的几点设想［EB/OL］.（2006-10-23）［2006-10-26］. http：//www.hangzhoufz.gov.cn/fzb/fzjl/fzjc200610231.htm.

企业的影响；荷兰评估的重点是立法对经济和企业以及环境的效应和对法律的遵守情况。美国对行政立法成本效益的评估，是指对规章规定的规制措施的正面效果和负面影响进行测评、估算，包括对不立法的后果进行预测，以确定是否立法和规定什么样的规制措施[①]。我国在考虑对行政立法效果进行评价时，需要参考以下因素：立法目标的科学性和公正性、立法的合法性、立法的效益、立法的稳定性以及法规的可操作性。

就行政执法的评价而言，其实质在于对政府行政权力行使的评价，其宗旨是紧紧围绕“全面推进依法行政，努力建设法治政府”的评价目标，具体评价的内容通过以下的实际行政执法部门来展开。例如，对区（市）卫生局因卫生信息发布不及时或不准确，造成严重后果的评价，特别是对重大灾情、疫情、突发事件处置不力造成严重后果事件发生的评价；对区（市）教育局教育乱收费和违规办学的评价；区（市）环保局对环境违法处罚的案件等内容，政府主动实施来自内部的行政评价，是完善行政评价的有力保障。

在全面推进依法行政建设法治政府的进程中，南京市政府在构建“权力阳光运行机制”方面，明确提出“行政权力事项未上网公布将暂停执行”。所有的行政权力事项都要上报市政府法制办审核、确认，并且上网公布，这是江苏省南京市政府一项规定中的内容。清理政府权力，并上网公布，这是南京市政府构建权力阳光运行机制的第一步，即确保权力有法可依。目前南京市市

---

① 段莉莉. 关于建立立法后评估制度的几点设想［EB/OL］.（2006-10-23）［2006-10-26］. http：//www.hangzhoufz.gov.cn/fzb/fzjl/fzjc200610231.htm.

级行政执法事项已经从 5878 项被核减到 3731 项，削减近 40%；区县行政权力事项总数也削减了 50%[①]。

借鉴上述南京市构建“权力阳光运行机制”的做法，沈阳市政府也应尽快制定“行政权力事项未上网公布将暂停执行”，所有行政权力事项的行使都应该上报沈阳市政府法制办审核、确认，并且要上网公布，确保行政权力的行使要有法可依。

对行政行为本身的评价，侧重于行政行为规范性的评价，例如，针对行政许可、行政处罚，评价的内容可以是行政许可、处罚事项的设定要有合法的依据，要经过政府法制机构的合法性审查，并在政府公报及政府公众信息网公布；在实施机关上，有权实施行政许可、处罚的机关经过政府法制部门的审定，并予以公布；在实施上，各个部门依法制定具体的实施办法，并报经政府法制部门审定后在政府公报和部门公众信息网站公布。

对于行政信息公开，可以参考以下因素进行评价：政府信息以何种适当的途径和方式公开；是否建立了公众信息网站；是否能按照法定要求通过政府公报、政府网站、新闻发布会以及报刊、广播、电视等便于公众知晓的方式及时、全面地公布有关信息；政府公布的信息是否能及时更新；应相对人申请公开政府信息的情况；相对人获取政府公开信息的便捷性。

在行政责任制度的评价上，对于行政岗位责任，主要考查岗位设置密度是否达到无缝的程度、是否配备岗位职位说明书，对每一个岗位进行具体的描述；在行政执法责任制上，则注重评价考核方案、标准和结果的公

---

① 蒋德．南京构建“权力阳光运行机制”[N]．法制日报，2008-04-04．

开以及接受社会监督的情况；明确行政首长问责制和行政过错责任制度的追究程序，并将责任追究的结果公开，接受公众的监督。

此外，针对沈阳市绩效评估的发展状况以及现在仍存在的问题，仍须尝试从以下一些方面探索对行政评价法律制度的完善。

1. 将行政评价法律制度的价值目标定位于对政府公共行政行为的评价，而非单纯的年度考核

通过对现有绩效评估制度的法律规范，使之形成一个相对完整的评价体系，提供公共行政行为运行结果所带来的价值方面的信息，以判断是否对既定目标的实现起到了应有的作用，进而对行政行为的取舍作出合理的安排。绩效评估的法制化，依赖于绩效评估的相关立法支持，在最早实施绩效评估的美国，为有效地推进政府绩效评估活动，就出台了许多相关的法律、法规。例如，克林顿总统执政期间，共签署了 90 个相关法案和 50 个总统行政命令，国会通过了 85 项立法，以保证国家绩效评估委员会所提出的主张得以实施。实际上，政府行政评价的法制化需要完善的不仅仅是有关绩效评估本身的法律，还需要与之相配套的其他法律制度的健全，例如，政府信息公开法、行政程序法、国民收入分配法、行政责任追究制度等，这些制度的完善对于绩效评估制度形成一个常态的评价法律机制是非常必要的。究其实质，政府绩效评估的法制化就是建立一种对政府行政行为运作的长效约束机制，它是贯通于政府的行政法治之中的。因此，政府需要以绩效评估法律制度的完善作为一个关键点，以点带面，推进沈阳市行政法治的发展。

2. 建立包括事前评价、事中评价、事后评价的完整的行政评价系统

事后评价是行政中最常见的一种形式，它更侧重于对行政行为效果的评价，应该是包含了对行政行为的有效性、效率性、公平性等的综合评估。在沈阳市绩效评估的发展中，除了要重视事后评价外，还应当注重对事前评价和事中评价的完善。美国和欧盟一些国家都规定了政府审批前要进行经济评估，对审批项目进行成本—效益分析，论证审批的必要性和合理性，以此决定审批与否。事前评价能够起到防患于未然的作用，避免公共资源的浪费。例如，政府计划要建地铁，如果针对这一公共决策进行事前评估，对风险进行预测，对地铁项目进行科学的规划，将会大大减少施工过程中塌方事故的发生。政府的一些公共项目如果经过事前评估，对成本—效益进行衡量，就可以防止出现项目荒弃、资源浪费的后果。事实上，沈阳市政府已经在这方面作出努力，令人欣喜，在《沈阳市人民政府重大决策合法性审查规定》草案稿中，已对事前评价有所涉及。草案规定在重大行政决策前，有关机构应当向市人民政府法制机构提供下列资料：关于重大行政决策事项的基本情况；与重大行政决策事项有关的依据；重大行政决策事项的实施方案、可行性说明以及外地经验；进行合法性论证需要的其他资料等。而事中评价是侧重在行政决策的运作过程中的一种阶段性评价，通过阶段性的反馈信息，随时发现问题，适时矫正偏差，对决策方向作出适当的调整，大大减少了之后出错的机率，保证之后决策的良好运转。这相当于在行政决策运行的过程中增加了类似于实时监控的机制，使行政权力受到“点对点”式的制

约，压缩了行政权力滥用的空间，这无异于建立了对政府行为的动态评估制度。因此，只有将事前评价、事中评价、事后评价综合起来，相互配合，形成一个完整的绩效评估系统，才能建立起对行政权力有效监督的网络，实现绩效评估的最终目的。

3. 确立以公众满意度为核心的政府绩效评估制度

在公共行政的背景下，由传统的管制行政向服务行政转变，服务行政不仅强调政府要把服务作为行政的主要内容，而且也强调公众对政府服务行政质量的评价。服务型政府是以公众为本位，以服务为宗旨的政府，要求政府在制定政策前必须充分考虑民意，广泛地建立利益表达机制，给予公众更多地参与决策的机会，服务行政的好坏理应取决于作为服务对象的公民满意与否。因此，政府行政评价制度应确立服务理念，以公众满意度为评估的核心，允许公众的有效参与，建立起“公众—政府”双向互动的回应机制。在美国的政府绩效评估中就特别重视确立顾客本位的标准，顾客至上意味着联邦政府能够为美国人民提供最高质量的服务。

在政府绩效评估制度中应当增加公众的参与和中立的第三方机构的参与，例如，英国在 1999 年出台的《地方政府法》中规定，地方政府在绩效评估中必须咨询纳税人代表的意见和有利害关系的行政相对人的意见，并按照国务大臣的指示确定咨询意见的方式、程序、内容和时限①。在我国，在政府绩效评估制度中针对特定事项应当允许行政行为的利害关系人参与，针对

① 徐长河，王锋利，陈宏彩. 英国地方政府绩效考核考察报告［J］. 资料通讯，2006（12）：28-36.

一般事项应当允许公众和中立的民间机构的广泛参与，针对专业领域问题吸纳专业机构的参与。并且对参与的时限、程序等要有明确的规定。

为了弥补普通公众有效参与的不足，还可以借鉴美国地方政府中特邀督察员的做法。这些所谓的特邀督察员是不拿工资的志愿者，他们监督着全日制的政府工作人员正确履行自己的职责。他们数量众多，如人口仅为28万的库帕斯克里斯蒂市有500多名志愿者，人口为57.19万的西雅图市有470名志愿者，人口为26万的豪伍德县有400多名志愿者①。和普通公众相比，这些志愿者参与热情更高、参与能力更强，并且根据自己的专业知识和工作阅历负责监督政府某方面的工作。这也是公众参与政府绩效评估的一种方式。

4. 注重外部评价的作用

来自政府外部主体的行政评价是多方面的，其中包括来自民间企业法人的评价，来自民间百姓的评价，还包括来自各方面专家、学者的评价，来自民间组织的评价。例如，美国坎贝尔研究所的许多经验值得借鉴。民间组织开展政府绩效评估不仅独立性更强，评估过程不带偏见，比较客观公正，并且可以节省大量的公共资源。同时，他们具备理论、技术和专业优势，可以弥补政府部门和普通公众专业知识的不足，推动公众参与政府绩效评估工作的深入开展，提高评估的质量和影响力。这是对政府内部行政评价的补充、纠错，也是改善政府内部行政评价的有效机制。这项机制的完善是推进政府依法行政的最基本的步骤，是建设“回应型”政府

① 利普塞特. 政治人［M］. 北京：商务印书馆，1999：53.

的民主机制，是构建法治政府的力量源泉。

政府在建设现代化城市的过程中，会不断地制定重大的行政决策，为实施某项重大决策，政府要通过行政权力的行使，确保重大决策的实现。例如，制定城市建设中的地铁建设、实施重大项目的土地开发等有利于市民公益活动的计划项目，在该项目的实施之前，除来自政府内部的行政评价之外，还要接受来自行政机关外部的社会各个方面、各个领域、不同层次的代表者的外部评价。通过法定的程序，充分反映社会各方面的意见。其主要目的是要达到行政机关领导干部行政权力的行使得到社会全方位的监督；社会各方面的代表通过行政评价这种“回应机制”的回应方式，确保社会各方面代表对政府公信力和信赖感的评价。

对政府行政评价得益于科学量化方法的引入，特别是一些数学分析方法的运用，这将是评估方法趋于科学化的重要保证，也是沈阳市政府行政评价制度未来的重点发展方向。通过完善沈阳市的政府行政评价法律制度，以地方实践为先导，发挥地方的优势，积极地探索政府行政评价的法制化模式，推动我国政府行政评价制度的发展。

第七章 行政评价法制度的展望

第一节 公共服务的民营化探索

2001年，我国加入WTO，成为世界贸易组织的成员方，面对WTO条件下国际市场经济主体、国际市场经济规则与制度的安排，我国政府引入市场竞争机制、转变政府职能、提升管理能力已成为当务之急。西方国家20世纪80年代前后掀起的政府再造运动——民营化改革，为我国界定政府和社会的职能，促使政府有效地行使其职能提供了值得借鉴的经验和方法。民营化有利于增加服务数量，提高行政服务质量，遏制行政腐败；有利于减少政府负担和政府的财政压力，促进政府廉洁高效；有利于培养公民的主体意识、民主观念；有利于培养政府的公共服务责任感。

根据西方比较流行的观点，民营化是指："政府终止对一个特殊活动的责任，并把它转让给营利或非营利的私人组织。……通常，民营化是'更多地依靠私人组织，更少地依靠政府来满足社会的需要'。"[①] 由此，民营化可以理解为，政府在提供公共服务中积极引入市场

① 郭晓来，菲利克斯·A. 尼格罗. 公共行政学简明教程［M］. 北京：中共中央党校出版社，1997：187-188.

竞争机制，依靠社会组织来克服政府垄断经营弊端的一种管理形式。民营化是政府放松规制、打破垄断，使公共服务市场化的方式。

行政评价法制度对公共服务市场化，引入竞争机制的意义体现在以下两个方面：第一，在政府部门与公众的关系上，行政评价通过提供各个公共服务机构行政绩效方面的信息，引导公众作出正确的选择，从而对政府形成压力，迫使其提高行政服务质量和行政效率；第二，在政府部门内部，评价使得各个地方政府形成横向的竞争，上级政府与下级政府、上级政府部门与下级政府部门形成纵向的竞争，这样也会达到提高行政绩效的目的。

实现行政服务民营化是行政评价法制度的目标之一。一方面，行政评价法以效率为核心来评价政府行为，就是要求政府在行政过程中建立一种市场竞争机制。要求政府打破对公共事务管理和公共服务供给的垄断，放松规制、下放政府部分权力，在政府部门和私营部门展开竞争，从而创造市场动力，利用市场机制解决行政效率低下的问题。另一方面，行政评价法制度以提高公众的满意程度为导向来评估政府绩效，它要求重塑政府角色和重新界定政府职能。对政府职能范围内管理活动的绩效进行评定，也就是要对政府在确定公共服务供给的质量和价格标准、把好市场准入关，以保证供给者无法利用提供公共服务的机会谋取不正当的利益、保障社会公平、提高服务质量、增加顾客选择的机会、更好地满足顾客需要等活动的绩效进行评定[①]。这就需要

① 蔡立辉．西方国家政府绩效评估的理念及其启示［J］．清华大学学报：哲学社会科学版，2003（1）：79．

打破原有政府对公共事务管理与公共服务供给的垄断，采取合同出租和民营化等多种方式，把原先由政府垄断的部分职能市场化，由市场企业主体通过竞争来提供；或者通过合同与政府采购等形式，以竞争招标的方式交由社会承担。

第二节　服务行政下的信息公开制度

行政评价法律制度的展开与服务行政下的信息公开制度密切相关。前已述及行政公开是行政评价制度的基本原则，可以说，没有行政信息公开制度就不可能形成完整的行政评价法律制度。行政公开制度是服务行政的一项重要内容，行政评价法律制度也必然要以服务行政的实现作为其目标。因此，探索服务行政下的信息公开制度与行政评价法律制度的衔接将具有重要意义。

在行政评价的价值目标上，应定位于创造服务行政。政府接受行政评价的动因在于毫不懈怠地向公民提供优质的服务。在行政评价的法律程序上，信息公开是必要的前提。只有政府的信息公开以后，评价主体才有可能参与到行政评价的过程之中。政府通过接受评价知悉公民真正的服务需求。

首先，政府公开的信息是相对充分的，政府不能只公开正面的信息，不公开负面的信息，只要在公开范围内的信息都应该公开，不能有选择地公开。例如，政府的有利举措要公开，政府的投资失利也同样要公开。如果仅将政府如何带动经济发展的信息公开，而政府工作人员公款吃喝的信息就不公开，这样将导致评价的片面性，实际上将导致行政评价的虚置。

其次，政府公开的信息也应该是相对完整的，例如，先公开政府对有过错的某行政工作人员责任的追究，对责任的落实就不能没有后文，如果所谓的责任承担事实上只是将该有过错的行政工作人员调动工作岗位而已，而像这种责任落实的方式秘而不宣，那么又怎么能得到社会的监督呢？因此，对这种责任的行政评价就不可能是完整的。只有将完整的行政信息予以公开，才能保证行政评价是贯穿于行政的全过程之中的，减少行政监督的空白。

还有，政府应该公开方便公民生活的服务信息，即政府公开信息的服务性。英国剑桥市政府的一些做法值得借鉴①。在英国剑桥市政府网站会公开关于大型垃圾处理的信息，要么将垃圾拉到一个指定地点扔掉，要么预订政府工作人员来清理，清理价格 1 件 20 镑，2～3 件 26 镑，4～6 件 30 镑，7～10 件 40 镑。就连这么鸡毛蒜皮的小事，政府都会公开得如此详细、明确，颇值得思考。

同时，公民知悉公开的行政信息之后必然要考虑如何利用这些信息，因此还应增强政府公开信息的互动性。仍以剑桥市为例，剑桥市的政府网站以互动的方式提供一些便民服务信息②。如果你想在网上交地方税，可以点击 A；如果你想知道剑桥所有的停车场位置，可以点击 B；如果你是个无家可归者，可以点击 C，寻求帮助；如果你想住上政府补助房，点击 D；如果你想抱怨隔壁的装修噪音，点击 E；如果你对某个公务员的服务不满，点击 F……这样公开的信息就不仅是供公民接

①② 刘瑜：让政治变得家常［N］. 南方周末，2008-12-18（26）.

受的，还增强了公民的参与性，只有公民的广泛参与，才能对政府的行为进行有效的评价。如果政府只是公开新法规的出台，而没有公开法规草案出台前的听证或其他可以参与的途径，那么，政府公开的信息就是欠缺参与性的。

在互联网时代的今天，政府可以推行电子政务，政府网站成为政府公开行政信息的一条便捷的途径。政府网站应该不只是公布诸如政府投资多少亿兴建某大型项目、某市召开什么大型会议之类的信息。就电子政务下政府公开信息的模式，不妨关注英国剑桥市的做法[①]。打开剑桥市政府的首页，头条是这么一条标题："请帮助我们改进你的社区"，内容为"你对改进你的社区有什么想法或者建议吗？请填写这个表格告诉我们……"接下来的新闻位置只有四条：吉瑟斯绿地改造的公共咨询；圣诞和新年公共服务开放时间说明；圣诞和新年垃圾清扫时间；德式圣诞市场开放说明。接下来就是一系列的服务信息：如何交税免税，找房及寻找住房援助，交通和街道信息，环保卫生信息等。还有政府透明度的信息，它提供 42 个市委会成员的名单、联系方式和分管领域，而且每个月都更新市政府详细的工作计划，让民众有事先知情权。每个委员会的开会时间和议程都要公之于众，以便感兴趣的民众前往参与。如果你想了解市政府的财政状况，网上有清晰的一栏："你的税收是如何被花费的。"

对诸如中国官员借出国公务考察之名挥霍公款的丑闻，如果建立了对政府公共资金使用信息公开的制度，

---

① 刘瑜：让政治变得家常［N］. 南方周末，2008-12-18（26）.

形成了纳税人对政府财务预算制度的评价制度，应该会大大减少政府官员频繁的出国考察，尤其是减少某些政府官员借出国考察之名，去参观赌场，或是买钻石手表等的行为。

第三节　行政评价指标体系的量化研究

就行政评价法律制度而言，保证行政评价科学化的关键是确立合理的行政评价指标体系，建立定性和定量相结合的行政评价方法。虽然行政评价法制度真正的贯彻实施取决于科学的行政评价指标体系的形成，但是政府不同于企业，其绩效或产出不是可以清晰度量的，不确定性很大，所以科学的行政评价指标体系的建立绝非易事，它所涉及的变量很多，需要参考的因素复杂，既包含客观指标，又包含主观指标。在纵向上，行政评价指标包含了地方政府的评价指标和中央政府的评价指标。在横向上，则包含了政府不同部门、行政活动不同方面的评价指标。认真研究评价指标，将行政评价制度进一步细化，增加这种制度的定量化研究是行政评价法制度未来的发展趋势所在。特别是在行政评价指标的合理构成方面，需要引进包括数学、经济学、统计学、管理学、社会学、政治学、系统论、信息论等多学科的知识，实现行政法学与其他相关学科的交叉研究，探寻行政评价制度的普遍规律，实现评价过程的成本收益比最大化。

科学的评价指标的形成更得益于在真实的行政实践中考查政府的行政行为并加以量度，一般需要深入实践，调查研究，以此取得第一手资料作为评价依据。因此，评价指标的形成必须能够涵盖复杂多变的行政，尤其是要适应变化的行政，与行政的实践紧密相连。因此，可以说，社会调查是形成评价指标来源的一个重要的参考依据。

行政评价法律制度的定量化研究对行政法学的发展也具有重要意义。通过在行政法学领域中引入定量化的研究方法，实现行政法学研究的科学化探索。

第四节 行政评价与公共责任制度的衔接

基于政府与公民之间的受托责任关系，政府不仅要负责执行法律，还要负责以最经济、最有效的办法管理和运用公共资源，使公共资源的配置和运用最大限度地达到预定目标。作为委托人的公民和作为受托人的政府对公共资金使用绩效的关注，使行政评价成为公共受托责任的核心。而行政评价恰恰是通过对政府行政行为的评价与监督，不断发展政府的公共责任机制。

通过行政评价发现行政行为存在的瑕疵，不仅在于纠正错误的行政行为，还在于追究相关人员的责任，以此形成对政府公务员行为的监督和控制。巴西总统科洛尔曾因涉嫌受贿行为，受到议院的弹劾，被迫辞去总统职务，接受法院审判。这是行政评价活动发挥控制作用最为典型、最具影响力的一种表现形式。建立公共责任制度，使评价的效果落到实处，行政行为的监督得到有效的保障。因此，如何建立一种行政评价制度与公共责任制度双向互动的衔接机制，应该是行政评价制度未来继续研究的问题之一。

然而，我国的行政问责制还存在着很多问题，其中之一就是引咎辞职官员事后追究的结果，这涉及行政评价制度与公共责任制度是否真正衔接和落实的根本问题。

许多地方政府对引咎辞职者采取“仍保留原级别，由组织上重新安排工作”的措施，这里的“保留原级别”就很有可能与“一地失职、异地为官”没有什么区别。而2008年网上盛传的“史上最牛县委书记”的复出更是对行政问责制的拷问，某县县委书记原本因为派警察到北京试图拘传披露某县丑闻的记者一事而引咎辞职，时隔数月，却又复出担任新职。在媒体的监督下，上级领导不得不承认只是临时工作安排。这似乎让公众感觉在权力后台下行政问责制的遁形。

这主要是因为我国行政问责制缺乏专门的立法规范，问责的依据主要是《中国共产党党内监督条例（试行)》《中国共产党纪律处分条例》《党政领导干部辞职暂行规定》以及《中华人民共和国公务员法》中的相关规定，在责任划分上存有过大的弹性空间和刚性原则的缺失，往往导致问责有失公正和问责结果的不确定性。此外，基于我国行政体制中的首长负责制的考虑，行政问责主要针对的是领导职的公务员。而行政评价所针对的对象包括领导职和非领导职的公务员，如果评价的结果是行政行为有瑕疵，需要追究公务员的责任，在对领导职的公务员强化行政问责制之外，基于公务员职位与责任的对应，对于非领导职的公务员也需要建立与评价结果相衔接的责任制度，以实现责任的层层细化。最终使得制度化和系统化的公共责任划分与行政行为之间如同建立一个坐标系，当公务员的行为置于其中某位置时，公众和公务员自己就可以对其行为及责任一目了然。事实上，美国在1993年制定的《政府绩效与责任法案》第五部分就有关于官员的“管理责任和灵活性”的专门规定。

第五节　全球反腐败新课题

对政府的行政行为进行评价，避免政府行政决策的随意性，使政府的公共资金得到合理的配置和使用，防止政府以权谋私，从一定的意义上对预防政府腐败也具有重要意义。特别是在当今世界，反腐败已成为全球的重大课题之一。因此，在全球化的视野下来研究行政评价法制度的建构与预防和打击全球腐败之间的关系，也将成为未来的新课题。

腐败的最基本特征是利用公共资源谋取私人利益，公共决策与公共预算缺乏透明性是助长腐败出现的一个重要原因。而行政评价法的制度则在于通过评价使公共财政的使用科学化、公开化、透明化，从而对行政权力进行有效的监督，腐败则丧失其存在的土壤。但是由于腐败形式的多样化，如何通过行政评价对行政权力进行有效的制约以达到有力地监控腐败的目的，则还需要展开深入的思考。

在全球一体化发展的今天，腐败也逐渐呈现出国际化的发展趋势。

全球的反腐败还涉及如何认定国际性的非政府组织在对各国政府的行政评价中所发挥的反腐败的作用。例如，国际透明组织是一个以反腐败为宗旨的国际性民间组织，它每年发布一期“腐败排行榜”，在全世界产生了较大的影响，形成了对各国政府进行评价的一种方式。

第六节　行政评价过程中公众满意度的实现

公众满意度作为行政评价的一个衡量标准，应该是未来继续关注的一个课题，这对于深化行政评价制度具有重要的意义。满意度是反映心理感受满足的程度，在行政评价的过程中，公众满意度用来表示公民在得到政府管理与服务时的感受与对政府预期之间的关系。也就是说，公众满意度作为一种心理上的感受，是预期获得与实际获得之间的比率，它本身也需要一个科学的测量，最终使行政评价制度建立在公众满意度的基础上。

关于公众满意度的测量需要运用数学模型等数学分析方法，其中日本博士卡诺提出的顾客满意度模型值得借鉴。卡诺把产品或服务的质量分为三类：基本质量、期望质量和迷人质量。基本质量是指企业产品或服务应当具备的功能或质量，除非出现产品故障或服务失误，一般很少提到基本质量；期望质量是指顾客对企业产品或服务质量的预期期望，但不是必须具有的属性，期望质量实现越多，顾客越满意，其重要度与顾客满意度之间成正相关关系；迷人质量是指企业产品或服务质量超出了顾客的意料，企业提供的这些质量即使重要度不高，公众满意度也很高。三类质量中的满意度和重要度的关系如图 7-1 所示[①]。

由此可见，在顾客满意度的衡量中，基本质量是根

---

① 王作成. 六西格玛效果评估与量测［M］. 北京：中国人民大学出版社，2004：153.

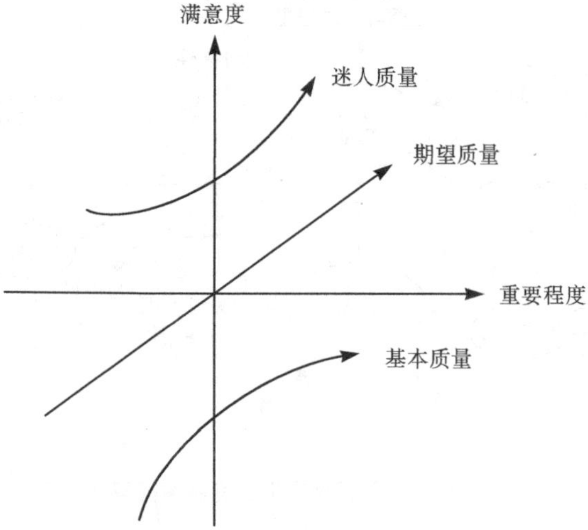

图 7-1　卡诺顾客满意度模型

本，达到基本质量后，才会尽力改进期望质量，争取顾客的满意，最后才是尝试突破迷人质量，赢得顾客的特别满意。

在新公共管理运动中，美国为了建立花钱少办事多的“顾客导向型”政府，也创立了美国政府顾客满意度的模型①。如图 7-2 所示。

该结构模型由五个结构变量组成：顾客满意度是最终所求的目标变量，感知质量、顾客期望是顾客满意度的原因变量，而顾客抱怨和信任则是顾客满意度的结果变量。这五个结构变量中，每个结构变量又包含一个或多个观测变量，观测变量的数据一般通过实际调查而获得。

① 刘贵忠. 政府服务的公众满意度测评研究［D］. 湖南：湘潭大学，2006.

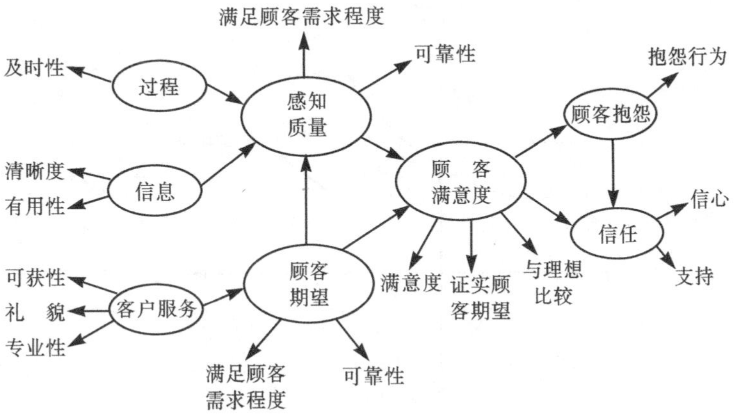

图 7-2 美国顾客满意度测评模型

零点市场调查与分析公司曾将顾客满意度分为产品满意度和服务满意度，产品满意度的主要维度又进一步分为风格、可靠性、耐用性、可维修性、可感知的质量等，而服务满意度的主要维度则包含了服务信用度、有形度、服务响应度、服务保证度、服务移情度等①，这给我们在行政评价制度中的公众满意度考量提供了一个思路。

同时，通过上述有关顾客满意度的模型分析，不难看出，政府作为公共部门，其公众满意度的确立需要考虑以下因素：政府公共服务的质量（达标、满意、格外满意）、公众的期望（即主体的利益需求）、公众对政府的信任、公众的抱怨等。公众满意度的合理测量也得益于有效的民意调查的展开，这种调查可以是官方调查和

---

① 满意度研究模型．［EB/OL］（2002-04-08）［2008-12-30］．http：//www.horizon-china.com/servlet/Node? node=6955．

非官方调查相结合的形式，例如，目前，民间调查机构零点市场调查与分析公司针对社会生活的很多方面，包括政府的公共服务方面开展实际的调查，并将调查数据以调查报告的形式公布于众。在2002年零点市场调查与分析公司以北京市某区政府中对企业服务及实施管理较多的24个行政执法部门和经济管理部门作为评议对象进行了调查研究。调查结果显示了公民对该区政府服务环境的满意程度，明确了工作中亟待改进的方面和各职能部门工作中的主要优势和劣势，为该区在当年改进服务指明了工作方向。

第七节　全球化背景下的行政评价制度发展趋势

在全球化背景下，国家与国家、国家与公民之间的关系越来越密切，影响越来越深化。于是，全球化也将影响到政府管理，全球化使一国政府的活动不仅仅局限于一国范围内，而是扩展到其他国家，这就使一个国家的政府管理行为不得不受到其他国家政策的影响，并使政府的行政评价活动趋于全球化。全球化将对行政评价制度带来巨大的挑战。

（1）评价主体已不仅仅局限于一国之内

随着公共事务日趋全球化，一国的行政决策有可能影响到一国之外的其他国家或公民，甚至影响到某个区域或者整个国际社会，国家与国家之间的联系越来越密切，一国的行政活动所产生的“蝴蝶效应”越来越呈显性发展。例如，现在美国政府的石油政策就牵动整个国际社会经济命脉，广泛地影响到了其他国家的政府活动。

（2）评价内容的国际化

因为政府行政行为的内容中国际因素增多，使得评价内容出现了国际化趋势，例如，各国反恐怖主义的政策，有关落实国际人权公约方面的政策等。

（3）评价手段趋于复杂

有学者指出，国家之间的行政评价既有谈判协调，又有制裁或限制，还有援助、贸易争端、反倾销，严重的则以战争相威胁或进行战争[①]。

因此，在考量一国政府的行政评价制度时，必然应当包含全球化的因素，而如何将全球化的因素科学地融入到行政评价制度中，使行政评价制度更加趋于完善，这应该是未来值得继续研究的课题。

① 徐家良．政府评价论［M］．北京：中国社会科学出版社，2006：386．

结 束 语

行政评价法制度的理论研究是受到政府行政科学化、民主化、法制化推动的结果。政府的行政行为不能完全摆脱个人因素的影响，如道德、诚信的缺失可能引致的决策的主观故意错误或职业素质、业务水平不足可能引致决策的主观非故意错误而产生的经济损失，在此前提下，行政评价法制度是一种集中集体的、专业的、多方面意见的一种力求科学、民主、法制的决策，使政府行为在实践中减少风险性，降低成本，增加收益性和效益性。行政改革不能为追求暂时的面子、形象、政绩而让百姓所纳的税被浪费掉，被挥霍光。公众需要负责任的政府，公众呼唤为人民服务的政府，让行政评价法制度能对中国政府在改革中的决策起到一定的积极作用。

参考文献

[1] 许银华，石佑华. 公务员法新论［M］. 北京：北京大学出版社，2005.

[2] 姜明安. 行政法与行政诉讼法［M］. 北京：高等教育出版社，北京大学出版社，2006.

[3] 范柏乃. 政府绩效评估与管理［M］. 上海：复旦大学出版社，2007.

[4] 王名扬. 法国行政法［M］. 北京：中国政法大学出版社，1989.

[5] 王名扬. 英国行政法［M］. 北京：中国政法大学出版社，1987.

[6] 张正钊. 行政法与行政诉讼法［M］. 北京：中国人民大学出版社，2004.

[7] 罗豪才. 行政法学［M］. 北京：北京大学出版社，1996.

[8] 赵丽芬. 管理理论与实务［M］. 北京：清华大学出版社，2004.

[9] 张今声. 政府行为与效能［M］. 北京：中国计划出版社，2001.

[10] 邢以群. 管理学［M］. 杭州：浙江大学出版社，2006.

[11] 邢俊芳. 最新国外绩效审计［M］. 北京：中国审计出版社，2001.

[12] 夏书章. 行政管理学［M］. 北京：高等教育出版社，中山大学出版社，2008.

[13] 简德三. 项目评估与可行性研究 [M]. 上海: 上海财经大学出版社, 2004.
[14] 郭晓来, 菲利克斯·A. 尼格罗. 公共行政学简明教程 [M]. 北京: 中共中央党校出版社, 1997.
[15] 胡建淼. 公法研究 [M]. 杭州: 浙江大学出版社, 2008.
[16] 阎尔宝. 行政法诚实信息原则研究 [M]. 北京: 人民出版社, 2008.
[17] 胡建淼. 领导人行政责任问题研究 [M]. 杭州: 浙江大学出版社, 2005.
[18] 李孝猛. 中国行政诉讼制度现代化研究 [M]. 上海: 上海交通大学出版社, 2007.
[19] 清华大学经济管理学院. 日本北海道综合开发计划和政策法规 [G]. 清华大学经济管理学院, 2002.
[20] 关保英. 比较行政法学 [M]. 北京: 法律出版社, 2008.
[21] 蔡文之. 网络: 21 世纪的权力与挑战 [M]. 上海: 上海人民出版社, 2007.
[22] 李步云. 信息公开制度研究 [M]. 长沙: 湖南大学出版社, 2002.
[23] 徐梅. 日本的规制改革 [M]. 北京: 中国经济出版社, 2003.
[24] 马克思, 恩格斯. 马克思恩格斯全集: 第 1 卷 [M]. 北京: 人民出版社, 1995.
[25] 列宁. 列宁全集: 第 12 卷 [M]. 北京: 人民出版社, 1987.
[26] 尤光付. 中外监督制度比较 [M]. 北京: 商务印书馆, 2003.
[27] 张立荣. 中外行政制度比较 [M]. 北京: 商务印书馆, 2002.

[28] 胡康大. 英国政治制度 [M]. 北京：社会科学文献出版社，1993.
[29] 利普塞特. 政治人 [M]. 北京：商务印书馆，1999.
[30] 袁岳. 公道：公共管理新主张 [M]. 北京：机械工业出版社，2004.
[31] 张文显. 法学基本范畴研究 [M]. 北京：中国政法大学出版社，1993.
[32] 俞可平. 权利政治与公益政治 [M]. 北京：社会科学文献出版社，2003.
[33] 徐家良. 政府评价论 [M]. 北京：中国社会科学出版社，2006.
[34] 叶文虎，栾胜基. 环境质量评价学 [M]. 北京：高等教育出版社，1994.
[35] 朱小雷. 建成环境主观评价方法研究 [M]. 南京：东南大学出版社，2005.
[36] 关保英. 行政法的价值定位 [M]. 北京：中国政法大学出版社，1999.
[37] 萧榕. 世界著名法典选编 [M]. 北京：中国民主法制出版社，1997.
[38] 高寄升三. 自治体的行政评价导入的实际 [M]. 东京：学阳书房，2000.
[39] 小野达也. 行政评价 [M]. 东京：东洋经济出版社，2001.
[40] 上山信一. 日本的行政评价 [M]. 东京：第一法规出版社，2002.
[41] 龙庆昭，佐佐木亮. 政策评价的理论和技术方法 [M]. 东京：日本多贺出版社，2002.
[42] 中地宏. 自治体经营和行政评价制度 [M]. 东京：行政

出版社，2001.
[43] 室井力. 推进自治体信息公开［M］. 东京：旬报社，1999年4月30日.
[44] 小野达也，田渕雪子. 行政评价指南［M］. 东京：东洋经济出版社，2001.
[45] 尼格尔·泰勒. 1945年后西方城市规划理论的流变［M］. 李白玉，等译. 北京：建筑工业出版社，2006.
[46] 上山信一. 行政评价的时代［M］. 东京：NTT出版株式会社，2002.
[47] 高寄昇三. 自治体的行政评价导入的实际［M］. 学阳书房，2000.
[48] 宇贺克也. 信息公开法·信息公开条例［M］. 东京：有斐阁，2001.
[49] 保罗·R. 尼文. 政府及非营利组织平衡记分卡［M］. 胡玉明，等译. 北京：中国财经经济出版社，2004.
[50] 尼古拉斯·亨利. 公共行政与公共事务［M］. 北京：中国人民大学出版社，2001.
[51] 阿里·哈拉契米. 政府业绩与质量测评：问题与经验［M］. 广州：中山大学出版社，2004.
[52] 斯蒂芬·L. 埃尔金，卡罗尔·爱德华·索乌坦. 新宪政论［M］. 北京：生活·读书·新知三联书店，1997.
[53] 路易斯·亨金，等. 宪政与权利［M］. 北京：生活·读书·新知三联书店，1996.
[54] 霍布斯. 利维坦［M］. 北京：商务印书馆，1986.
[55] 洛克. 政府论：下篇［M］. 北京：商务印书馆，1995.
[56] 弗里德里希. 超验正义［M］. 北京：生活·读书·新知三联书店，1997.
[57] 托克维尔. 论美国民主［M］. 董果良，译. 北京：商务

印书馆，1997.
[58] 古斯塔夫·拉德布鲁赫. 法学导论 [M]. 北京：中国大百科全书出版社，1977.
[59] 戴维·奥斯本，特德·盖布勒. 改革政府 [M]. 上海：上海译文出版社，1996.
[60] 拉塞尔·M. 林登. 无缝隙政府：公共部门再造指南 [M]. 北京：中国人民大学出版社，2002.
[61] 施密特·谢利·巴迪斯. 美国政府与政治 [M]. 北京：北京大学出版社，2005.
[62] 埃莉诺·奥斯特罗姆. 公共事物的治理之道 [M]. 余逊达，陈旭东，译. 上海：上海三联书店，2000.
[63] 戴维·H. 罗森布鲁姆，罗伯特·S. 克拉夫丘克. 公共行政学：管理、政治和法律的途径 [M]. 北京：北京大学出版社，2006.
[64] 凯瑟琳·纽科默. 迎接业绩导向型政府的挑战 [M]. 广州：中山大学出版社，2003.
[65] 简·莱恩. 新公共管理 [M]. 赵成根，等译. 北京：中国青年出版社，2004.
[66] 亨廷顿. 变革社会中的政治秩序 [M]. 北京：中国社会科学出版社，1999.
[67] Flynn Norman. Public sector management [M]. Prentice Hall，1997.
[68] Osborne D，T Gaebler. Reinventing government：how the entrepreneurial spirit is transforming the public sector from the schoolhouse to statehouse [M]. Mass：Addison- Wesley，1992.
[69] Federal Consulting Group. The American customer satisfaction index，(ACSI) and its value in measuring customer sat-

isfaction [M]. Washington, DC, 2001.

[70] Department of management & budget, Fairfax county, Virginia, the USA. Fairfax county measures Up: a manual for performance measurement [M]. 2004.

[71] Salem. Oregon benchmarks: standards for measuring statewide progress and institutional performance [M]. Oregon: Oregon Progress Board, 1994.

[72] 徐长河，王锋利，陈宏彩. 英国地方政府绩效考核考察报告 [J]. 资料通讯，2006 (12).

[73] 朱立言，张强. 美国政府绩效评估的历史演变 [J]. 湘潭大学学报，2005 (1).

[74] 邱霈恩. 美国《1993 年政府绩效与结果法案》译文 [J]. 中国行政管理，2004 (5).

[75] 蔡立辉. 西方国家政府绩效评估的理念及其启示 [J]. 清华大学学报，2003 (1).

[76] 吴江，王崧，黄长龙. 服务型政府绩效评估标准定位的探讨 [J]. 西南农业大学学报：社会科学版，2006 (4).

[77] 张彩红，张艳臣. 服务型政府绩效评估的公众参与 [J]. 法制与社会，2007 (3).

[78] 盛明科. 服务型政府绩效评估体系研究的理论基础与现实依据 [J]. 湘潭大学学报：哲学社会科学版，2008 (1).

[79] 袁超. 服务型政府绩效评估指标体系的优化 [J]. 青岛行政学院学报，2008 (8).

[80] 盛明科，彭国甫. 公共服务型政府绩效评估体系构建研究论纲 [J]. 东南学术，2008 (3).

[81] 腾建恒，高莉，徐果. 基于“服务型”政府下公共支出绩效评估制度研究 [J]. 华商，2008 (8).

[82] 彭向刚. 论我国服务型政府绩效评估的发展趋势 [J]. 吉

林大学社会科学学报，2008（2）.
[83] 刘玲. 完善绩效评估体系健全服务型政府约束机制［J］. 现代商业，2008（8）.
[84] 李颖. 政府绩效评估与我国服务型政府的构建［J］. 宁夏党校学报，2007（2）.
[85] 张岩鸿. 国外政府绩效评估发展的路径特征探析［J］. 青岛行政学院学报，2008（2）.
[86] 陈书洁，孙艳. 我国政府绩效评估发展的回顾与展望［J］. 理论与当代，2008（7）.
[87] 高建华. 政府绩效评估的理念与方法［J］. 桂林电子工业学院学报，2005（6）.
[88] 王雁红. 英国政府绩效评估发展的回顾与反思［J］. 唯实，2005（6）.
[89] 金竹青，王祖康. 中国政府绩效评估主体结构特点及发展建议［J］. 国家行政学院学报，2005（6）.
[90] 周志忍. 公共组织绩效评估：中国实践的回顾与反思［J］. 兰州大学学报：社会科学版，2007（1）.
[91] 蔡立辉. 政府绩效评估的理念与方法分析［J］. 中国人民大学学报，2002（5）.
[92] 张玉亮. 政府绩效评估研究：理论回顾、观点梳理及发展前瞻［J］. 理论与现代化，2008（4）.
[93] 包国宪，曹西安. 我国地方政府绩效评价的回顾与模式分析［J］. 兰州大学学报：社会科学版，2007（1）.
[94] 孟华. 政府绩效评估的民众基础及其改善［J］. 东南学术，2005（2）.
[95] 周敏凯. 行政人事制度的效率性［J］. 政治与法律，1987（1）.
[96] 陈捷. 西方国家行政机构改革的趋势及其启示［J］. 福州

党校学报，2003 (3).
[97] 母天学. 对美国政府绩效考评活动的考察 [J]. 行政论坛，2001 (5).
[98] 张燕君. 美国公共部门绩效评估的实践及启示 [J]. 行政论坛，2004 (3).
[99] 李东旻. 网站评价方法研究 [J]. 情报理论与实践，2005 (7).
[100] 颜如春. 关于建立我国政府绩效评估体系的思考 [J]. 行政论坛，2003 (9).
[101] 宁有才. 英国政府绩效评估及其启示 [J]. 行政与法，2004 (3).
[102] 赵晖. 我国公共行政改革的价值取向 [J]. 中国行政管理，2003 (9).
[103] 中国行政管理学会联合课题组. 关于政府机关工作效率标准的研究报告 [J]. 中国行政管理，2003 (3).
[104] 朱火弟，蒲勇健. 政府绩效评估研究 [J]. 改革，2003 (6).
[105] 陈国权，王柳. 基于结果导向的地方政府绩效评估 [J]. 浙江学刊，2006 (2).
[106] 王建民. 美国地方政府绩效考评：实践与经验：以弗吉尼亚州费尔法克斯县为例 [J]. 北京师范大学学报：社会科学版，2005 (5).
[107] 葛洪. 略论美国《1993 政府绩效与结果法案》[J]. 中国行政管理，2004 (5).
[108] 丰俊功，王加青. 平衡记分卡在美国政府绩效管理中的应用及对中国的借鉴 [J]. 北京化工大学北方学院学报，2008 (4).
[109] 张定安. 平衡记分卡与公共部门绩效管理 [J]. 中国行

政管理，2004（6）.

[110] 寇博. 美国政府绩效评估的实践和启示［J］. 公共管理评论，2006（6）.

[111] 董幼鸿. 日本政府政策评价及其对建构我国政策评价制度的启示：兼析日本《政策评价法》［J］. 理论与改革，2008（2）.

[112] 王丹. 论在政府绩效评估中引进多元评估主体［J］. 行政与法，2008（3）.

[113] 包国宪. 政府绩效评价中不同主体的价值取向［J］. 甘肃社会科学，2007（1）.

[114] 范柏乃. 韩国政府绩效评估及其对中国的借鉴意义［J］. 公共管理学报，2006（4）.

[115] 吴建南. 谁是“最佳”的价值判断者：区县政府绩效评价机制的利益相关主体分析［J］. 公共管理与公共政策，2006（4）.

[116] 钱弘道. 余杭法治指数的实验［J］. 中国司法，2008（9）.

[117] 杜福海. 余杭“法治指数”出台始末［N］. 法制日报，2008-07-06（2）.

[118] 储皖中. 首个城市法治建设量化评估体系在昆明“开题”［N］. 法制日报，2008-12-03（8）.

[119] 蒋德. 南京构建“权力阳光运行机制”［N］. 法制日报，2008-04-04.

[120] 刘瑜：让政治变得家常［N］. 南方周末，2008-12-18（26）.

[121] 段莉莉. 关于建立立法后评估制度的几点设想.［EB/OL］（2006-10-23）［2006-10-26］http://www.handzhoufz.gov.cn/fzb/fzjl/fzjl200610231.htm.

[122] Osbprene D, Plasreik P. The reinventor's public service: the values statement as centerpiece [M]. San Francisco, CA: Jossey-Bass, 2000.

[123] Charles, Levine. Citizenship and service delivery: The promise of coproduction [J]. Public Administration Review, 1984 (44).

[124] Dan Blair. Working for results: the American experience in enhancing government performance. Paper for DECD-Germany High-Level Symposium [C]. 2002 (3).

[125] Prince William County: 1999 citizen satisfaction survey results. [EB/OL] (1999-07-18) [2006-04-01]. http: //www.pwcgov.org/budan/99survey/default.htm.

[126] Report of the citizen effectiveness committee. [EB/OL] (2003-03-18) [2008-05-16]. http: //www.ci.winston-salem.nc.us/ooe/download.htm.

[127] Prince Williams: Service efforts and accomplishments report 1993 to 1998. [EB/OL] (2003-02-10) [2008-03-13]. http: //www.pwcgov.org/budan/sear/default.htm.

[128] National Performance Review (NPR), Washington1993. [EB/OL]. (2002-04-04) [2006-10-10]. http: //www.npr.gov/library/reports/it.html.

附　　录

中华人民共和国行政诉讼法

1989年4月4日第七届全国人民代表大会第二次会议通过

1989年4月4日中华人民共和国主席令第16号公布 自1990年10月1日起施行

第一章　总　则

第一条　为保证人民法院正确、及时审理行政案件，保护公民、法人和其他组织的合法权益，维护和监督行政机关依法行使行政职权，根据宪法制定本法。

第二条　公民、法人或者其他组织认为行政机关和行政机关工作人员的具体行政行为侵犯其合法权益，有权依照本法向人民法院提起诉讼。

第三条　人民法院依法对行政案件独立行使审判权，不受行政机关、社会团体和个人的干涉。

人民法院设行政审判庭，审理行政案件。

第四条　人民法院审理行政案件，以事实为根据，以法律为准绳。

第五条　人民法院审理行政案件，对具体行政行为是否合法进行审查。

第六条　人民法院审理行政案件，依法实行合议、回避、公开审判和两审终审制度。

第七条　当事人在行政诉讼中的法律地位平等。

第八条　各民族公民都有用本民族语言、文字进行行政诉讼的权利。

在少数民族聚居或者多民族共同居住的地区，人民法院应当用当地民族通用的语言、文字进行审理和发布法律文书。

人民法院应当对不通晓当地民族通用的语言、文字的诉讼参与人提供翻译。

第九条　当事人在行政诉讼中有权进行辩论。

第十条　人民检察院有权对行政诉讼实行法律监督。

第二章　受案范围

第十一条　人民法院受理公民、法人和其他组织对下列具体行政行为不服提起的诉讼：

（一）对拘留、罚款、吊销许可证和执照、责令停产停业、没收财物等行政处罚不服的；

（二）对限制人身自由或者对财产的查封、扣押、冻结等行政强制措施不服的；

（三）认为行政机关侵犯法律规定的经营自主权的；

（四）认为符合法定条件申请行政机关颁发许可证和执照，行政机关拒绝颁发或者不予答复的；

（五）申请行政机关履行保护人身权、财产权的法定职责，行政机关拒绝履行或者不予答复的；

（六）认为行政机关没有依法发给抚恤金的；

（七）认为行政机关违法要求履行义务的；

（八）认为行政机关侵犯其他人身权、财产权的。

除前款规定外，人民法院受理法律、法规规定可以提起诉讼的其他行政案件。

第十二条 人民法院不受理公民、法人或者其他组织对下列事项提起的诉讼：

（一）国防、外交等国家行为；

（二）行政法规、规章或者行政机关制定、发布的具有普遍约束力的决定、命令；

（三）行政机关对行政机关工作人员的奖惩、任免等决定；

（四）法律规定由行政机关最终裁决的具体行政行为。

第三章 管 辖

第十三条 基层人民法院管辖第一审行政案件。

第十四条 中级人民法院管辖下列第一审行政案件：

（一）确认发明专利权的案件、海关处理的案件；

（二）对国务院各部门或者省、自治区、直辖市人民政府所作的具体行政行为提起诉讼的案件；

（三）本辖区内重大、复杂的案件。

第十五条　高级人民法院管辖本辖区内重大、复杂的第一审行政案件。

第十六条　最高人民法院管辖全国范围内重大、复杂的第一审行政案件。

第十七条　行政案件由最初作出具体行政行为的行政机关所在地人民法院管辖。经复议的案件，复议机关改变原具体行政行为的，也可以由复议机关所在地人民法院管辖。

第十八条　对限制人身自由的行政强制措施不服提起的诉讼，由被告所在地或者原告所在地人民法院管辖。

第十九条　因不动产提起的行政诉讼，由不动产所在地人民法院管辖。

第二十条　两个以上人民法院都有管辖权的案件，原告可以选择其中一个人民法院提起诉讼。原告向两个以上有管辖权的人民法院提起诉讼的，由最先收到起诉状的人民法院管辖。

第二十一条　人民法院发现受理的案件不属于自己管辖时，应当移送有管辖权的人民法院。受移送的人民法院不得自行移送。

第二十二条　有管辖权的人民法院由于特殊原因不能行使管辖权的，由上级人民法院指定管辖。

人民法院对管辖权发生争议，由争议双方协商解决。协商不成的，报它们的共同上级人民法院指定管辖。

第二十三条 上级人民法院有权审判下级人民法院管辖的第一审行政案件，也可以把自己管辖的第一审行政案件移交下级人民法院审判。

下级人民法院对其管辖的第一审行政案件，认为需要由上级人民法院审判的，可以报请上级人民法院决定。

第四章 诉讼参加人

第二十四条 依照本法提起诉讼的公民、法人或者其他组织是原告。

有权提起诉讼的公民死亡，其近亲属可以提起诉讼。

有权提起诉讼的法人或者其他组织终止，承受其权利的法人或者其他组织可以提起诉讼。

第二十五条 公民、法人或者其他组织直接向人民法院提起诉讼的，作出具体行政行为的行政机关是被告。

经复议的案件，复议机关决定维持原具体行政行为的，作出原具体行政行为的行政机关是被告；复议机关改变原具体行政行为的，复议机关是被告。

两个以上行政机关作出同一具体行政行为的，共同作出具体行政行为的行政机关是共同被告。

由法律、法规授权的组织所作的具体行政行为，该组织是被告。由行政机关委托的组织所作的具体行政行为，委托的行政机关是被告。

行政机关被撤销的，继续行使其职权的行政机关是被告。

第二十六条　当事人一方或者双方为二人以上，因同一具体行政行为发生的行政案件，或者因同样的具体行政行为发生的行政案件、人民法院认为可以合并审理的，为共同诉讼。

第二十七条　同提起诉讼的具体行政行为有利害关系的其他公民、法人或者其他组织，可以作为第三人申请参加诉讼，或者由人民法院通知参加诉讼。

第二十八条　没有诉讼行为能力的公民，由其法定代理人代为诉讼。法定代理人互相推诿代理责任的，由人民法院指定其中一人代为诉讼。

第二十九条　当事人、法定代理人，可以委托一至二人代为诉讼。

律师、社会团体、提起诉讼的公民的近亲属或者所在单位推荐的人，以及经人民法院许可的其他公民，可以受委托为诉讼代理人。

第三十条　代理诉讼的律师，可以依照规定查阅本案有关材料，可以向有关组织和公民调查，收集证据。对涉及国家秘密和个人隐私的材料，应当依照法律规定保密。

经人民法院许可，当事人和其他诉讼代理人可以查阅本案庭审材料，但涉及国家秘密和个人隐私的除外。

第五章　证　据

第三十一条　证据有以下几种：

（一）书证；

（二）物证；

（三）视听资料；

（四）证人证言；

（五）当事人的陈述；

（六）鉴定结论；

（七）勘验笔录、现场笔录。

以上证据经法庭审查属实，才能作为定案的根据。

第三十二条 被告对作出的具体行政行为负有举证责任，应当提供作出该具体行政行为的证据和所依据的规范性文件。

第三十三条 在诉讼过程中，被告不得自行向原告和证人收集证据。

第三十四条 人民法院有权要求当事人提供或者补充证据。

人民法院有权向有关行政机关以及其他组织、公民调取证据。

第三十五条 在诉讼过程中，人民法院认为对专门性问题需要鉴定的，应当交由法定鉴定部门鉴定；没有法定鉴定部门的，由人民法院指定的鉴定部门鉴定。

第三十六条 在证据可能灭失或者以后难以取得的情况下，诉讼参加人可以向人民法院申请保全证据，人民法院也可以主动采取保全措施。

第六章 起诉和受理

第三十七条 对属于人民法院受案范围的行政案件，公民、法人或者其他组织可以先向上一级行政机关或者法律、法规规定的行政机关申请复议，对复议不服的，再向人民法院提起诉讼；也可以直接向人民法院提起诉讼。

法律、法规规定应当先向行政机关申请复议，对复议不服再向人民法院提起诉讼的，依照法律、法规的规定。

第三十八条　公民、法人或者其他组织向行政机关申请复议的，复议机关应当在收到申请书之日起两个月内作出决定。法律、法规另有规定的除外。

申请人不服复议决定的，可以在收到复议决定书之日起十五日内向人民法院提起诉讼。复议机关逾期不作决定的，申请人可以在复议期满之日起十五日内向人民法院提起诉讼。法律另有规定的除外。

第三十九条　公民、法人或者其他组织直接向人民法院提起诉讼的，应当在知道作出具体行政行为之日起三个月内提出。法律另有规定的除外。

第四十条　公民、法人或者其他组织因不可抗力或者其他特殊情况耽误法定期限的，在障碍消除后的十日内，可以申请延长期限，由人民法院决定。

第四十一条　提起诉讼应当符合下列条件：

（一）原告是认为具体行政行为侵犯其合法权益的公民、法人或者其他组织；

（二）有明确的被告；

（三）有具体的诉讼请求和事实根据；

（四）属于人民法院受案范围和受诉人民法院管辖。

第四十二条　人民法院接到起诉状，经审查，应当在七日内立案或者作出裁定不予受理。原告对裁定不服的，可以提起上诉。

第七章　审理和判决

第四十三条　人民法院应当在立案之日起五日内，将起诉状副本发送被告。被告应当在收到起诉状副本之日起十日内向人民法院提交作出具体行政行为的有关材料，并提出答辩状。人民法院应当在收到答辩状之日起五日内，将答辩状副本发送原告。

被告不提出答辩状的，不影响人民法院审理。

第四十四条 诉讼期间，不停止具体行政行为的执行。但有下列情形之一的，停止具体行政行为的执行：

（一）被告认为需要停止执行的；

（二）原告申请停止执行，人民法院认为该具体行政行为的执行会造成难以弥补的损失，并且停止执行不损害社会公共利益，裁定停止执行的；

（三）法律、法规规定停止执行的。

第四十五条 人民法院公开审理行政案件，但涉及国家秘密、个人隐私和法律另有规定的除外。

第四十六条 人民法院审理行政案件，由审判员组成合议庭，或者由审判员、陪审员组成合议庭。合议庭的成员，应当是三人以上的单数。

第四十七条 当事人认为审判人员与本案有利害关系或者有其他关系可能影响公正审判，有权申请审判人员回避。

审判人员认为自己与本案有利害关系或者有其他关系，应当申请回避。

前两款规定，适用于书记员、翻译人员、鉴定人、勘验人。

院长担任审判长时的回避，由审判委员会决定；审判人员的回避，由院长决定；其他人员的回避，由审判长决定。当事人对决定不服的，可以申请复议。

第四十八条 经人民法院两次合法传唤，原告无正当理由拒不到庭的，视为申请撤诉；被告无正当理由拒不到庭的，可以缺席判决。

第四十九条　诉讼参与人或者其他人有下列行为之一的，人民法院可以根据情节轻重，予以训诫、责令具结悔过或者处一千元以下的罚款、十五日以下的拘留；构成犯罪的，依法追究刑事责任：

（一）有义务协助执行的人，对人民法院的协助执行通知书，无故推拖、拒绝或者妨碍执行的；

（二）伪造、隐藏、毁灭证据的；

（三）指使、贿买、胁迫他人作伪证或者威胁、阻止证人作证的；

（四）隐藏、转移、变卖、毁损已被查封、扣押、冻结的财产的；

（五）以暴力、威胁或者其他方法阻碍人民法院工作人员执行职务或者扰乱人民法院工作秩序的；

（六）对人民法院工作人员、诉讼参与人、协助执行人侮辱、诽谤、诬陷、殴打或者打击报复的。

罚款、拘留须经人民法院院长批准。当事人不服的，可以申请复议。

第五十条　人民法院审理行政案件，不适用调解。

第五十一条　人民法院对行政案件宣告判决或者裁定前，原告申请撤诉的，或者被告改变其所作的具体行政行为，原告同意并申请撤诉的，是否准许，由人民法院裁定。

第五十二条　人民法院审理行政案件，以法律和行政法规、地方性法规为依据。地方性法规适用于本行政区域内发生的行政案件。

人民法院审理民族自治地方的行政案件，并以该民族自治地方的自治条例和单行条例为依据。

第五十三条　人民法院审理行政案件，参照国务院部、委根据法律和国务院的行政法规、决定、命令制定、发布的规章以及省、自治区、直辖市和省、自治区的人民政府所在地的市和经国务院批准的较大的市的人民政府根据法律和国务院的行政法规制定、发布的规章。

人民法院认为地方人民政府制定、发布的规章与国务院部、委制定、发布的规章不一致的，以及国务院部、委制定、发布的规章之间不一致的，由最高人民法院送请国务院作出解释或者裁决。

第五十四条 人民法院经过审理，根据不同情况，分别作出以下判决：

（一）具体行政行为证据确凿，适用法律、法规正确，符合法定程序的，判决维持。

（二）具体行政行为有下列情形之一的，判决撤销或者部分撤销，并可以判决被告重新作出具体行政行为：

1. 主要证据不足的；

2. 适用法律、法规错误的；

3. 违反法定程序的；

4. 超越职权的；

5. 滥用职权的。

（三）被告不履行或者拖延履行法定职责的，判决其在一定期限内履行。

（四）行政处罚显失公正的，可以判决变更。

第五十五条 人民法院判决被告重新作出具体行政行为的，被告不得以同一的事实和理由作出与原具体行政行为基本相同的具体行政行为。

第五十六条 人民法院在审理行政案件中，认为行政机关的主管人员、直接责任人员违反政纪的，应当将有关材料移送该行政机关或者其上一级行政机关或者监察、人事机关；认为有犯罪行为的，应当将有关材料移送公安、检察机关。

第五十七条　人民法院应当在立案之日起三个月内作出第一审判决。有特殊情况需要延长的，由高级人民法院批准，高级人民法院审理第一审案件需要延长的，由最高人民法院批准。

第五十八条　当事人不服人民法院第一审判决的，有权在判决书送达之日起十五日内向上一级人民法院提起上诉。当事人不服人民法院第一审裁定的，有权在裁定书送达之日起十日内向上一级人民法院提起上诉。逾期不提起上诉的，人民法院的第一审判决或者裁定发生法律效力。

第五十九条　人民法院对上诉案件，认为事实清楚的，可以实行书面审理。

第六十条　人民法院审理上诉案件，应当在收到上诉状之日起两个月内作出终审判决。有特殊情况需要延长的，由高级人民法院批准，高级人民法院审理上诉案件需要延长的，由最高人民法院批准。

第六十一条　人民法院审理上诉案件，按照下列情形，分别处理：

（一）原判决认定事实清楚，适用法律、法规正确的，判决驳回上诉，维持原判；

（二）原判决认定事实清楚，但适用法律、法规错误的，依法改判；

（三）原判决认定事实不清，证据不足，或者由于违反法定程序可能影响案件正确判决的，裁定撤销原判，发回原审人民法院重审，也可以查清事实后改判。当事人对重审案件的判决、裁定，可以上诉。

第六十二条 当事人对已经发生法律效力的判决、裁定，认为确有错误的，可以向原审人民法院或者上一级人民法院提出申诉，但判决、裁定不停止执行。

第六十三条 人民法院院长对本院已经发生法律效力的判决、裁定，发现违反法律、法规规定认为需要再审的，应当提交审判委员会决定是否再审。

上级人民法院对下级人民法院已经发生法律效力的判决、裁定，发现违反法律、法规规定的，有权提审或者指令下级人民法院再审。

第六十四条 人民检察院对人民法院已经发生法律效力的判决、裁定，发现违反法律、法规规定的，有权按照审判监督程序提出抗诉。

第八章 执 行

第六十五条 当事人必须履行人民法院发生法律效力的判决、裁定。

公民、法人或者其他组织拒绝履行判决、裁定的，行政机关可以向第一审人民法院申请强制执行，或者依法强制执行。

行政机关拒绝履行判决、裁定的，第一审人民法院可以采取以下措施：

（一）对应当归还的罚款或者应当给付的赔偿金，通知银行从该行政机关的账户内划拨；

（二）在规定期限内不履行的，从期满之日起，对该行政机关按日处五十元至一百元的罚款；

（三）向该行政机关的上一级行政机关或者监察、

人事机关提出司法建议。接受司法建议的机关，根据有关规定进行处理，并将处理情况告知人民法院；

（四）拒不履行判决、裁定，情节严重构成犯罪的，依法追究主管人员和直接责任人员的刑事责任。

第六十六条　公民、法人或者其他组织对具体行政行为在法定期限内不提起诉讼又不履行的，行政机关可以申请人民法院强制执行，或者依法强制执行。

第九章　侵权赔偿责任

第六十七条　公民、法人或者其他组织的合法权益受到行政机关或者行政机关工作人员作出的具体行政行为侵犯造成损害的，有权请求赔偿。

公民、法人或者其他组织单独就损害赔偿提出请求，应当先由行政机关解决。对行政机关的处理不服，可以向人民法院提起诉讼。

赔偿诉讼可以适用调解。

第六十八条　行政机关或者行政机关工作人员作出的具体行政行为侵犯公民、法人或者其他组织的合法权益造成损害的，由该行政机关或者该行政机关工作人员所在的行政机关负责赔偿。

行政机关赔偿损失后，应当责令有故意或者重大过失的行政机关工作人员承担部分或者全部赔偿费用。

第六十九条　赔偿费用，从各级财政列支。各级人民政府可以责令有责任的行政机关支付部分或者全部赔偿费用。具体办法由国务院规定。

第十章　涉外行政诉讼

第七十条　外国人、无国籍人、外国组织在中华人民共和国进行行政诉讼，适用本法。法律另有规定的除外。

第七十一条 外国人、无国籍人、外国组织在中华人民共和国进行行政诉讼，同中华人民共和国公民、组织有同等的诉讼权利和义务。

外国法院对中华人民共和国公民、组织的行政诉讼权利加以限制的，人民法院对该国公民、组织的行政诉讼权利实行对等原则。

第七十二条 中华人民共和国缔结或者参加的国际条约同本法有不同规定的，适用该国际条约的规定。中华人民共和国声明保留的条款除外。

第七十三条 外国人、无国籍人、外国组织在中华人民共和国进行行政诉讼，委托律师代理诉讼的，应当委托中华人民共和国律师机构的律师。

第十一章 附 则

第七十四条 人民法院审理行政案件，应当收取诉讼费用。诉讼费用由败诉方承担，双方都有责任的由双方分担。收取诉讼费用的具体办法另行规定。

第七十五条 本法自一九九〇年十月一日起施行。

中华人民共和国公务员法

《中华人民共和国公务员法》已由中华人民共和国第十届全国人民代表大会常务委员会第十五次会议于2005年4月27日通过，现予公布，自2006年1月1日起施行。

第一章 总 则

第一条 为了规范公务员的管理，保障公务员的合法权益，加强对公务员的监督，建设高素质的公务员队伍，促进勤政廉政，提高工作效能，根据宪法，制定本法。

第二条 本法所称公务员，是指依法履行公职、纳入国家行政编制、由国家财政负担工资福利的工作人员。

第三条 公务员的义务、权利和管理，适用本法。

法律对公务员中的领导成员的产生、任免、监督以及法官、检察官等的义务、权利和管理另有规定的，从其规定。

第四条 公务员制度坚持以马克思列宁主义、毛泽东思想、邓小平理论和“三个代表”重要思想为指导，贯彻社会主义初级阶段的基本路线，贯彻中国共产党的干部路线和方针，坚持党管干部原则。

第五条 公务员的管理，坚持公开、平等、竞争、择优的原则，依照法定的权限、条件、标准和程序进行。

第六条 公务员的管理，坚持监督约束与激励保障并重的原则。

第七条 公务员的任用，坚持任人唯贤、德才兼备的原则，注重工作实绩。

第八条 国家对公务员实行分类管理，提高管理效能和科学化水平。

第九条 公务员依法履行职务的行为，受法律保护。

第十条　中央公务员主管部门负责全国公务员的综合管理工作。县级以上地方各级公务员主管部门负责本辖区内公务员的综合管理工作。上级公务员主管部门指导下级公务员主管部门的公务员管理工作。各级公务员主管部门指导同级各机关的公务员管理工作。

第二章　公务员的条件、义务与权利

第十一条　公务员应当具备下列条件：

（一）具有中华人民共和国国籍；

（二）年满十八周岁；

（三）拥护中华人民共和国宪法；

（四）具有良好的品行；

（五）具有正常履行职责的身体条件；

（六）具有符合职位要求的文化程度和工作能力；

（七）法律规定的其他条件。

第十二条　公务员应当履行下列义务：

（一）模范遵守宪法和法律；

（二）按照规定的权限和程序认真履行职责，努力提高工作效率；

（三）全心全意为人民服务，接受人民监督；

（四）维护国家的安全、荣誉和利益；

（五）忠于职守，勤勉尽责，服从和执行上级依法作出的决定和命令；

（六）保守国家秘密和工作秘密；

（七）遵守纪律，恪守职业道德，模范遵守社会公德；

（八）清正廉洁，公道正派；

（九）法律规定的其他义务。

第十三条 公务员享有下列权利：

（一）获得履行职责应当具有的工作条件；

（二）非因法定事由、非经法定程序，不被免职、降职、辞退或者处分；

（三）获得工资报酬，享受福利、保险待遇；

（四）参加培训；

（五）对机关工作和领导人员提出批评和建议；

（六）提出申诉和控告；

（七）申请辞职；

（八）法律规定的其他权利。

第三章 职务与级别

第十四条 国家实行公务员职位分类制度。

公务员职位类别按照公务员职位的性质、特点和管理需要，划分为综合管理类、专业技术类和行政执法类等类别。国务院根据本法，对于具有职位特殊性，需要单独管理的，可以增设其他职位类别。各职位类别的适用范围由国家另行规定。

第十五条 国家根据公务员职位类别设置公务员职务序列。

第十六条 公务员职务分为领导职务和非领导职务。

领导职务层次分为：国家级正职、国家级副职、省部级正职、省部级副职、厅局级正职、厅局级副职、县处级正职、县处级副职、乡科级正职、乡科级副职。

非领导职务层次在厅局级以下设置。

第十七条 综合管理类的领导职务根据宪法、有关法律、职务层次和机构规格设置确定。

综合管理类的非领导职务分为：巡视员、副巡视员、调研员、副调研员、主任科员、副主任科员、科员、办事员。

综合管理类以外其他职位类别公务员的职务序列，根据本法由国家另行规定。

第十八条　各机关依照确定的职能、规格、编制限额、职数以及结构比例，设置本机关公务员的具体职位，并确定各职位的工作职责和任职资格条件。

第十九条　公务员的职务应当对应相应的级别。公务员职务与级别的对应关系由国务院规定。

公务员的职务与级别是确定公务员工资及其他待遇的依据。

公务员的级别根据所任职务及其德才表现、工作实绩和资历确定。公务员在同一职务上，可以按照国家规定晋升级别。

第二十条　国家根据人民警察以及海关、驻外外交机构公务员的工作特点，设置与其职务相对应的衔级。

第四章　录　用

第二十一条　录用担任主任科员以下及其他相当职务层次的非领导职务公务员，采取公开考试、严格考察、平等竞争、择优录取的办法。

民族自治地方依照前款规定录用公务员时，依照法律和有关规定对少数民族报考者予以适当照顾。

第二十二条　中央机关及其直属机构公务员的录用，由中央公务员主管部门负责组织。地方各级机关公务员的录用，由省级公务员主管部门负责组织，必要时省级公务员主管部门可以授权设区的市级公务员主管部门组织。

第二十三条 报考公务员，除应当具备本法第十一条规定的条件外，还应当具备省级以上公务员主管部门规定的拟任职位所要求的资格条件。

第二十四条 下列人员不得录用为公务员：

（一）曾因犯罪受过刑事处罚的；

（二）曾被开除公职的；

（三）有法律规定不得录用为公务员的其他情形的。

第二十五条 录用公务员，必须在规定的编制限额内，并有相应的职位空缺。

第二十六条 录用公务员，应当发布招考公告。招考公告应当载明招考的职位、名额、报考资格条件、报考需要提交的申请材料以及其他报考须知事项。

招录机关应当采取措施，便利公民报考。

第二十七条 招录机关根据报考资格条件对报考申请进行审查。报考者提交的申请材料应当真实、准确。

第二十八条 公务员录用考试采取笔试和面试的方式进行，考试内容根据公务员应当具备的基本能力和不同职位类别分别设置。

第二十九条 招录机关根据考试成绩确定考察人选，并对其进行报考资格复审、考察和体检。

体检的项目和标准根据职位要求确定。具体办法由中央公务员主管部门会同国务院卫生行政部门规定。

第三十条 招录机关根据考试成绩、考察情况和体检结果，提出拟录用人员名单，并予以公示。

公示期满，中央一级招录机关将拟录用人员名单报中央公务员主管部门备案；地方各级招录机关将拟录用人员名单报省级或者设区的市级公务员主管部门审批。

第三十一条　录用特殊职位的公务员，经省级以上公务员主管部门批准，可以简化程序或者采用其他测评办法。

第三十二条　新录用的公务员试用期为一年。试用期满合格的，予以任职；不合格的，取消录用。

第五章　考　核

第三十三条　对公务员的考核，按照管理权限，全面考核公务员的德、能、勤、绩、廉，重点考核工作实绩。

第三十四条　公务员的考核分为平时考核和定期考核。定期考核以平时考核为基础。

第三十五条　对非领导成员公务员的定期考核采取年度考核的方式，先由个人按照职位职责和有关要求进行总结，主管领导在听取群众意见后，提出考核等次建议，由本机关负责人或者授权的考核委员会确定考核等次。

对领导成员的定期考核，由主管机关按照有关规定办理。

第三十六条　定期考核的结果分为优秀、称职、基本称职和不称职四个等次。

定期考核的结果应当以书面形式通知公务员本人。

第三十七条　定期考核的结果作为调整公务员职务、级别、工资以及公务员奖励、培训、辞退的依据。

第六章　职务任免

第三十八条　公务员职务实行选任制和委任制。

领导成员职务按照国家规定实行任期制。

第三十九条 选任制公务员在选举结果生效时即任当选职务；任期届满不再连任，或者任期内辞职、被罢免、被撤职的，其所任职务即终止。

第四十条 委任制公务员遇有试用期满考核合格、职务发生变化、不再担任公务员职务以及其他情形需要任免职务的，应当按照管理权限和规定的程序任免其职务。

第四十一条 公务员任职必须在规定的编制限额和职数内进行，并有相应的职位空缺。

第四十二条 公务员因工作需要在机关外兼职，应当经有关机关批准，并不得领取兼职报酬。

第七章 职务升降

第四十三条 公务员晋升职务，应当具备拟任职务所要求的思想政治素质、工作能力、文化程度和任职经历等方面的条件和资格。

公务员晋升职务，应当逐级晋升。特别优秀的或者工作特殊需要的，可以按照规定破格或者越一级晋升职务。

第四十四条 公务员晋升领导职务，按照下列程序办理：

（一）民主推荐，确定考察对象；

（二）组织考察，研究提出任职建议方案，并根据需要在一定范围内进行酝酿；

（三）按照管理权限讨论决定；

（四）按照规定履行任职手续。

公务员晋升非领导职务，参照前款规定的程序办理。

第四十五条　机关内设机构厅局级正职以下领导职务出现空缺时，可以在本机关或者本系统内通过竞争上岗的方式，产生任职人选。

厅局级正职以下领导职务或者副调研员以上及其他相当职务层次的非领导职务出现空缺，可以面向社会公开选拔，产生任职人选。

确定初任法官、初任检察官的任职人选，可以面向社会，从通过国家统一司法考试取得资格的人员中公开选拔。

第四十六条　公务员晋升领导职务的，应当按照有关规定实行任职前公示制度和任职试用期制度。

第四十七条　公务员在定期考核中被确定为不称职的，按照规定程序降低一个职务层次任职。

第八章　奖　励

第四十八条　对工作表现突出，有显著成绩和贡献，或者有其他突出事迹的公务员或者公务员集体，给予奖励。奖励坚持精神奖励与物质奖励相结合、以精神奖励为主的原则。

公务员集体的奖励适用于按照编制序列设置的机构或者为完成专项任务组成的工作集体。

第四十九条　公务员或者公务员集体有下列情形之一的，给予奖励：

（一）忠于职守，积极工作，成绩显著的；

（二）遵守纪律，廉洁奉公，作风正派，办事公道，模范作用突出的；

（三）在工作中有发明创造或者提出合理化建议，取得显著经济效益或者社会效益的；

（四）为增进民族团结、维护社会稳定作出突出贡献的；

（五）爱护公共财产，节约国家资财有突出成绩的；

（六）防止或者消除事故有功，使国家和人民群众利益免受或者减少损失的；

（七）在抢险、救灾等特定环境中奋不顾身，作出贡献的；

（八）同违法违纪行为作斗争有功绩的；

（九）在对外交往中为国家争得荣誉和利益的；

（十）有其他突出功绩的。

第五十条 奖励分为：嘉奖、记三等功、记二等功、记一等功、授予荣誉称号。

对受奖励的公务员或者公务员集体予以表彰，并给予一次性奖金或者其他待遇。

第五十一条 给予公务员或者公务员集体奖励，按照规定的权限和程序决定或者审批。

第五十二条 公务员或者公务员集体有下列情形之一的，撤销奖励：

（一）弄虚作假，骗取奖励的；

（二）申报奖励时隐瞒严重错误或者严重违反规定程序的；

（三）有法律、法规规定应当撤销奖励的其他情形的。

第九章 惩 戒

第五十三条 公务员必须遵守纪律，不得有下列行为：

（一）散布有损国家声誉的言论，组织或者参加旨在反对国家的集会、游行、示威等活动；

（二）组织或者参加非法组织，组织或者参加罢工；

（三）玩忽职守，贻误工作；

（四）拒绝执行上级依法作出的决定和命令；

（五）压制批评，打击报复；

（六）弄虚作假，误导、欺骗领导和公众；

（七）贪污、行贿、受贿，利用职务之便为自己或者他人谋取私利；

（八）违反财经纪律，浪费国家资财；

（九）滥用职权，侵害公民、法人或者其他组织的合法权益；

（十）泄露国家秘密或者工作秘密；

（十一）在对外交往中损害国家荣誉和利益；

（十二）参与或者支持色情、吸毒、赌博、迷信等活动；

（十三）违反职业道德、社会公德；

（十四）从事或者参与营利性活动，在企业或者其他营利性组织中兼任职务；

（十五）旷工或者因公外出、请假期满无正当理由逾期不归；

（十六）违反纪律的其他行为。

第五十四条　公务员执行公务时，认为上级的决定或者命令有错误的，可以向上级提出改正或者撤销该决定或者命令的意见；上级不改变该决定或者命令，或者要求立即执行的，公务员应当执行该决定或者命令，执行的后果由上级负责，公务员不承担责任；但是，公务员执行明显违法的决定或者命令的，应当依法承担相应的责任。

第五十五条 公务员因违法违纪应当承担纪律责任的，依照本法给予处分；违纪行为情节轻微，经批评教育后改正的，可以免予处分。

第五十六条 处分分为：警告、记过、记大过、降级、撤职、开除。

第五十七条 对公务员的处分，应当事实清楚、证据确凿、定性准确、处理恰当、程序合法、手续完备。

公务员违纪的，应当由处分决定机关决定对公务员违纪的情况进行调查，并将调查认定的事实及拟给予处分的依据告知公务员本人。公务员有权进行陈述和申辩。

处分决定机关认为对公务员应当给予处分的，应当在规定的期限内，按照管理权限和规定的程序作出处分决定。处分决定应当以书面形式通知公务员本人。

第五十八条 公务员在受处分期间不得晋升职务和级别，其中受记过、记大过、降级、撤职处分的，不得晋升工资档次。

受处分的期间为：警告，六个月；记过，十二个月；记大过，十八个月；降级、撤职，二十四个月。

受撤职处分的，按照规定降低级别。

第五十九条 公务员受开除以外的处分，在受处分期间有悔改表现，并且没有再发生违纪行为的，处分期满后，由处分决定机关解除处分并以书面形式通知本人。

解除处分后，晋升工资档次、级别和职务不再受原处分的影响。但是，解除降级、撤职处分的，不视为恢复原级别、原职务。

第十章　培　训

第六十条　机关根据公务员工作职责的要求和提高公务员素质的需要，对公务员进行分级分类培训。

国家建立专门的公务员培训机构。机关根据需要也可以委托其他培训机构承担公务员培训任务。

第六十一条　机关对新录用人员应当在试用期内进行初任培训；对晋升领导职务的公务员应当在任职前或者任职后一年内进行任职培训；对从事专项工作的公务员应当进行专门业务培训；对全体公务员应当进行更新知识、提高工作能力的在职培训，其中对担任专业技术职务的公务员，应当按照专业技术人员继续教育的要求，进行专业技术培训。

国家有计划地加强对后备领导人员的培训。

第六十二条　公务员的培训实行登记管理。

公务员参加培训的时间由公务员主管部门按照本法第六十一条规定的培训要求予以确定。

公务员培训情况、学习成绩作为公务员考核的内容和任职、晋升的依据之一。

第十一章　交流与回避

第六十三条　国家实行公务员交流制度。

公务员可以在公务员队伍内部交流，也可以与国有企业事业单位、人民团体和群众团体中从事公务的人员交流。

交流的方式包括调任、转任和挂职锻炼。

第六十四条　国有企业事业单位、人民团体和群众团体中从事公务的人员可以调入机关担任领导职务或者副调研员以上及其他相当职务层次的非领导职务。调任人选应当具备本法第十一条规定的条件和拟任职位所要求的资格条件，并不得有本法第二十四条规定的情形。调任机关应当根据上述规定，对调任人选进行严格考察，并按照管理权限审批，必要时可以对调任人选进行考试。

第六十五条 公务员在不同职位之间转任应当具备拟任职位所要求的资格条件，在规定的编制限额和职数内进行。

对省部级正职以下的领导成员应当有计划、有重点地实行跨地区、跨部门转任。

对担任机关内设机构领导职务和工作性质特殊的非领导职务的公务员，应当有计划地在本机关内转任。

第六十六条 根据培养锻炼公务员的需要，可以选派公务员到下级机关或者上级机关、其他地区机关以及国有企业事业单位挂职锻炼。

公务员在挂职锻炼期间，不改变与原机关的人事关系。

第六十七条 公务员应当服从机关的交流决定。

公务员本人申请交流的，按照管理权限审批。

第六十八条 公务员之间有夫妻关系、直系血亲关系、三代以内旁系血亲关系以及近姻亲关系的，不得在同一机关担任双方直接隶属于同一领导人员的职务或者有直接上下级领导关系的职务，也不得在其中一方担任领导职务的机关从事组织、人事、纪检、监察、审计和财务工作。

因地域或者工作性质特殊，需要变通执行任职回避的，由省级以上公务员主管部门规定。

第六十九条　公务员担任乡级机关、县级机关及其有关部门主要领导职务的，应当实行地域回避，法律另有规定的除外。

第七十条　公务员执行公务时，有下列情形之一的，应当回避：

（一）涉及本人利害关系的；

（二）涉及与本人有本法第六十八条第一款所列亲属关系人员的利害关系的；

（三）其他可能影响公正执行公务的。

第七十一条　公务员有应当回避情形的，本人应当申请回避；利害关系人有权申请公务员回避。其他人员可以向机关提供公务员需要回避的情况。

机关根据公务员本人或者利害关系人的申请，经审查后作出是否回避的决定，也可以不经申请直接作出回避决定。

第七十二条　法律对公务员回避另有规定的，从其规定。

第十二章　工资福利保险

第七十三条　公务员实行国家统一的职务与级别相结合的工资制度。

公务员工资制度贯彻按劳分配的原则，体现工作职责、工作能力、工作实绩、资历等因素，保持不同职务、级别之间的合理工资差距。

国家建立公务员工资的正常增长机制。

第七十四条　公务员工资包括基本工资、津贴、补贴和奖金。

公务员按照国家规定享受地区附加津贴、艰苦边远地区津贴、岗位津贴等津贴。

公务员按照国家规定享受住房、医疗等补贴、补助。

公务员在定期考核中被确定为优秀、称职的，按照国家规定享受年终奖金。

公务员工资应当按时足额发放。

第七十五条 公务员的工资水平应当与国民经济发展相协调、与社会进步相适应。

国家实行工资调查制度，定期进行公务员和企业相当人员工资水平的调查比较，并将工资调查比较结果作为调整公务员工资水平的依据。

第七十六条 公务员按照国家规定享受福利待遇。国家根据经济社会发展水平提高公务员的福利待遇。

公务员实行国家规定的工时制度，按照国家规定享受休假。公务员在法定工作日之外加班的，应当给予相应的补休。

第七十七条 国家建立公务员保险制度，保障公务员在退休、患病、工伤、生育、失业等情况下获得帮助和补偿。

公务员因公致残的，享受国家规定的伤残待遇。公务员因公牺牲、因公死亡或者病故的，其亲属享受国家规定的抚恤和优待。

第七十八条 任何机关不得违反国家规定自行更改公务员工资、福利、保险政策，擅自提高或者降低公务员的工资、福利、保险待遇。任何机关不得扣减或者拖欠公务员的工资。

第七十九条 公务员工资、福利、保险、退休金以及录用、培训、奖励、辞退等所需经费，应当列入财政预算，予以保障。

第十三章　辞职辞退

第八十条　公务员辞去公职，应当向任免机关提出书面申请。任免机关应当自接到申请之日起三十日内予以审批，其中对领导成员辞去公职的申请，应当自接到申请之日起九十日内予以审批。

第八十一条　公务员有下列情形之一的，不得辞去公职：

（一）未满国家规定的最低服务年限的；

（二）在涉及国家秘密等特殊职位任职或者离开上述职位不满国家规定的脱密期限的；

（三）重要公务尚未处理完毕，且须由本人继续处理的；

（四）正在接受审计、纪律审查，或者涉嫌犯罪，司法程序尚未终结的；

（五）法律、行政法规规定的其他不得辞去公职的情形。

第八十二条　担任领导职务的公务员，因工作变动依照法律规定需要辞去现任职务的，应当履行辞职手续。

担任领导职务的公务员，因个人或者其他原因，可以自愿提出辞去领导职务。

领导成员因工作严重失误、失职造成重大损失或者恶劣社会影响的，或者对重大事故负有领导责任的，应当引咎辞去领导职务。

领导成员应当引咎辞职或者因其他原因不再适合担任现任领导职务，本人不提出辞职的，应当责令其辞去领导职务。

第八十三条 公务员有下列情形之一的，予以辞退：

（一）在年度考核中，连续两年被确定为不称职的；

（二）不胜任现职工作，又不接受其他安排的；

（三）因所在机关调整、撤销、合并或者缩减编制员额需要调整工作，本人拒绝合理安排的；

（四）不履行公务员义务，不遵守公务员纪律，经教育仍无转变，不适合继续在机关工作，又不宜给予开除处分的；

（五）旷工或者因公外出、请假期满无正当理由逾期不归连续超过十五天，或者一年内累计超过三十天的。

第八十四条 对有下列情形之一的公务员，不得辞退：

（一）因公致残，被确认丧失或者部分丧失工作能力的；

（二）患病或者负伤，在规定的医疗期内的；

（三）女性公务员在孕期、产假、哺乳期内的；

（四）法律、行政法规规定的其他不得辞退的情形。

第八十五条 辞退公务员，按照管理权限决定。辞退决定应当以书面形式通知被辞退的公务员。

被辞退的公务员，可以领取辞退费或者根据国家有关规定享受失业保险。

第八十六条 公务员辞职或者被辞退，离职前应当办理公务交接手续，必要时按照规定接受审计。

第十四章　退　休

第八十七条　公务员达到国家规定的退休年龄或者完全丧失工作能力的，应当退休。

第八十八条　公务员符合下列条件之一的，本人自愿提出申请，经任免机关批准，可以提前退休：

（一）工作年限满三十年的；

（二）距国家规定的退休年龄不足五年，且工作年限满二十年的；

（三）符合国家规定的可以提前退休的其他情形的。

第八十九条　公务员退休后，享受国家规定的退休金和其他待遇，国家为其生活和健康提供必要的服务和帮助，鼓励发挥个人专长，参与社会发展。

第十五章　申诉控告

第九十条　公务员对涉及本人的下列人事处理不服的，可以自知道该人事处理之日起三十日内向原处理机关申请复核；对复核结果不服的，可以自接到复核决定之日起十五日内，按照规定向同级公务员主管部门或者作出该人事处理的机关的上一级机关提出申诉；也可以不经复核，自知道该人事处理之日起三十日内直接提出申诉：

（一）处分；

（二）辞退或者取消录用；

（三）降职；

（四）定期考核定为不称职；

（五）免职；

（六）申请辞职、提前退休未予批准；

（七）未按规定确定或者扣减工资、福利、保险待遇；

（八）法律、法规规定可以申诉的其他情形。

对省级以下机关作出的申诉处理决定不服的，可以向作出处理决定的上一级机关提出再申诉。

行政机关公务员对处分不服，向行政监察机关申诉的，按照《中华人民共和国行政监察法》的规定办理。

第九十一条 原处理机关应当自接到复核申请书后的三十日内作出复核决定。受理公务员申诉的机关应当自受理之日起六十日内作出处理决定；案情复杂的，可以适当延长，但是延长时间不得超过三十日。

复核、申诉期间不停止人事处理的执行。

第九十二条 公务员申诉的受理机关审查认定人事处理有错误的，原处理机关应当及时予以纠正。

第九十三条 公务员认为机关及其领导人员侵犯其合法权益的，可以依法向上级机关或者有关的专门机关提出控告。受理控告的机关应当按照规定及时处理。

第九十四条 公务员提出申诉、控告，不得捏造事实，诬告、陷害他人。

第十六章 职位聘任

第九十五条 机关根据工作需要，经省级以上公务员主管部门批准，可以对专业性较强的职位和辅助性职位实行聘任制。

前款所列职位涉及国家秘密的，不实行聘任制。

第九十六条 机关聘任公务员可以参照公务员考试录用的程序进行公开招聘，也可以从符合条件的人员中直接选聘。

机关聘任公务员应当在规定的编制限额和工资经费限额内进行。

第九十七条　机关聘任公务员，应当按照平等自愿、协商一致的原则，签订书面的聘任合同，确定机关与所聘公务员双方的权利、义务。聘任合同经双方协商一致可以变更或者解除。

聘任合同的签订、变更或者解除，应当报同级公务员主管部门备案。

第九十八条　聘任合同应当具备合同期限，职位及其职责要求，工资、福利、保险待遇，违约责任等条款。

聘任合同期限为一年至五年。聘任合同可以约定试用期，试用期为一个月至六个月。

聘任制公务员按照国家规定实行协议工资制，具体办法由中央公务员主管部门规定。

第九十九条　机关依据本法和聘任合同对所聘公务员进行管理。

第一百条　国家建立人事争议仲裁制度。

人事争议仲裁应当根据合法、公正、及时处理的原则，依法维护争议双方的合法权益。

人事争议仲裁委员会根据需要设立。人事争议仲裁委员会由公务员主管部门的代表、聘用机关的代表、聘任制公务员的代表以及法律专家组成。

聘任制公务员与所在机关之间因履行聘任合同发生争议的，可以自争议发生之日起六十日内向人事争议仲裁委员会申请仲裁。当事人对仲裁裁决不服的，可以自接到仲裁裁决书之日起十五日内向人民法院提起诉讼。仲裁裁决生效后，一方当事人不履行的，另一方当事人可以申请人民法院执行。

第十七章　法律责任

第一百零一条　对有下列违反本法规定情形的，由县级以上领导机关或者公务员主管部门按照管理权限，区别不同情况，分别予以责令纠正或者宣布无效；对负有责任的领导人员和直接责任人员，根据情节轻重，给予批评教育或者处分；构成犯罪的，依法追究刑事责任：

（一）不按编制限额、职数或者任职资格条件进行公务员录用、调任、转任、聘任和晋升的；

（二）不按规定条件进行公务员奖惩、回避和办理退休的；

（三）不按规定程序进行公务员录用、调任、转任、聘任、晋升、竞争上岗、公开选拔以及考核、奖惩的；

（四）违反国家规定，更改公务员工资、福利、保险待遇标准的；

（五）在录用、竞争上岗、公开选拔中发生泄露试题、违反考场纪律以及其他严重影响公开、公正的；

（六）不按规定受理和处理公务员申诉、控告的；

（七）违反本法规定的其他情形的。

第一百零二条　公务员辞去公职或者退休的，原系领导成员的公务员在离职三年内，其他公务员在离职两年内，不得到与原工作业务直接相关的企业或者其他营利性组织任职，不得从事与原工作业务直接相关的营利性活动。

公务员辞去公职或者退休后有违反前款规定行为的，由其原所在机关的同级公务员主管部门责令限期改正；逾期不改正的，由县级以上工商行政管理部门没收该人员从业期间的违法所得，责令接收单位将该人员予以清退，并根据情节轻重，对接收单位处以被处罚人员违法所得一倍以上五倍以下的罚款。

第一百零三条　机关因错误的具体人事处理对公务员造成名誉损害的，应当赔礼道歉、恢复名誉、消除影响；造成经济损失的，应当依法给予赔偿。

第一百零四条　公务员主管部门的工作人员，违反本法规定，滥用职权、玩忽职守、徇私舞弊，构成犯罪的，依法追究刑事责任；尚不构成犯罪的，给予处分。

第十八章　附　则

第一百零五条　本法所称领导成员，是指机关的领导人员，不包括机关内设机构担任领导职务的人员。

第一百零六条　法律、法规授权的具有公共事务管理职能的事业单位中除工勤人员以外的工作人员，经批准参照本法进行管理。

第一百零七条　本法自2006年1月1日起施行。全国人民代表大会常务委员会1957年10月23日批准、国务院1957年10月26日公布的《国务院关于国家行政机关工作人员的奖惩暂行规定》、1993年8月14日国务院公布的《国家公务员暂行条例》同时废止。

中华人民共和国环境影响评价法

《中华人民共和国环境影响评价法》已由中华人民共和国第九届全国人民代表大会常务委员会第三十次会议于 2002 年 10 月 28 日通过，现予公布，自 2003 年 9 月 1 日起施行。

第一章　总　则

第一条　为了实施可持续发展战略，预防因规划和建设项目实施后对环境造成不良影响，促进经济、社会和环境的协调发展，制定本法。

第二条　本法所称环境影响评价，是指对规划和建设项目实施后可能造成的环境影响进行分析、预测和评估，提出预防或者减轻不良环境影响的对策和措施，进行跟踪监测的方法与制度。

第三条　编制本法第九条所规定的范围内的规划，在中华人民共和国领域和中华人民共和国管辖的其他海域内建设对环境有影响的项目，应当依照本法进行环境影响评价。

第四条　环境影响评价必须客观、公开、公正，综合考虑规划或者建设项目实施后对各种环境因素及其所构成的生态系统可能造成的影响，为决策提供科学依据。

第五条　国家鼓励有关单位、专家和公众以适当方式参与环境影响评价。

第六条　国家加强环境影响评价的基础数据库和评价指标体系建设，鼓励和支持对环境影响评价的方法、技术规范进行科学研究，建立必要的环境影响评价信息共享制度，提高环境影响评价的科学性。

国务院环境保护行政主管部门应当会同国务院有关部门，组织建立和完善环境影响评价的基础数据库和评价指标体系。

第二章　规划的环境影响评价

第七条　国务院有关部门、设区的市级以上地方人民政府及其有关部门，对其组织编制的土地利用的有关规划，区域、流域、海域的建设、开发利用规划，应当在规划编制过程中组织进行环境影响评价，编写该规划有关环境影响的篇章或者说明。

规划有关环境影响的篇章或者说明，应当对规划实施后可能造成的环境影响作出分析、预测和评估，提出预防或者减轻不良环境影响的对策和措施，作为规划草案的组成部分一并报送规划审批机关。

未编写有关环境影响的篇章或者说明的规划草案，审批机关不予审批。

第八条　国务院有关部门、设区的市级以上地方人民政府及其有关部门，对其组织编制的工业、农业、畜牧业、林业、能源、水利、交通、城市建设、旅游、自然资源开发的有关专项规划（以下简称专项规划），应当在该专项规划草案上报审批前，组织进行环境影响评价，并向审批该专项规划的机关提出环境影响报告书。

前款所列专项规划中的指导性规划，按照本法第七条的规定进行环境影响评价。

第九条 依照本法第七条、第八条的规定进行环境影响评价的规划的具体范围，由国务院环境保护行政主管部门会同国务院有关部门规定，报国务院批准。

第十条 专项规划的环境影响报告书应当包括下列内容：

（一）实施该规划对环境可能造成影响的分析、预测和评估；

（二）预防或者减轻不良环境影响的对策和措施；

（三）环境影响评价的结论。

第十一条 专项规划的编制机关对可能造成不良环境影响并直接涉及公众环境权益的规划，应当在该规划草案报送审批前，举行论证会、听证会，或者采取其他形式，征求有关单位、专家和公众对环境影响报告书草案的意见。但是，国家规定需要保密的情形除外。

编制机关应当认真考虑有关单位、专家和公众对环境影响报告书草案的意见，并应当在报送审查的环境影响报告书中附具对意见采纳或者不采纳的说明。

第十二条 专项规划的编制机关在报批规划草案时，应当将环境影响报告书一并附送审批机关审查；未附送环境影响报告书的，审批机关不予审批。

第十三条 设区的市级以上人民政府在审批专项规划草案，作出决策前，应当先由人民政府指定的环境保护行政主管部门或者其他部门召集有关部门代表和专家组成审查小组，对环境影响报告书进行审查。审查小组应当提出书面审查意见。

参加前款规定的审查小组的专家，应当从按照国务院环境保护行政主管部门的规定设立的专家库内的相关专业的专家名单中，以随机抽取的方式确定。

由省级以上人民政府有关部门负责审批的专项规划，其环境影响报告书的审查办法，由国务院环境保护行政主管部门会同国务院有关部门制定。

第十四条　设区的市级以上人民政府或者省级以上人民政府有关部门在审批专项规划草案时，应当将环境影响报告书结论以及审查意见作为决策的重要依据。

在审批中未采纳环境影响报告书结论以及审查意见的，应当作出说明，并存档备查。

第十五条　对环境有重大影响的规划实施后，编制机关应当及时组织环境影响的跟踪评价，并将评价结果报告审批机关；发现有明显不良环境影响的，应当及时提出改进措施。

第三章　建设项目的环境影响评价

第十六条　国家根据建设项目对环境的影响程度，对建设项目的环境影响评价实行分类管理。

建设单位应当按照下列规定组织编制环境影响报告书、环境影响报告表或者填报环境影响登记表（以下统称环境影响评价文件）：

（一）可能造成重大环境影响的，应当编制环境影响报告书，对产生的环境影响进行全面评价；

（二）可能造成轻度环境影响的，应当编制环境影响报告表，对产生的环境影响进行分析或者专项评价；

（三）对环境影响很小、不需要进行环境影响评价的，应当填报环境影响登记表。

建设项目的环境影响评价分类管理名录，由国务院环境保护行政主管部门制定并公布。

第十七条 建设项目的环境影响报告书应当包括下列内容：

（一）建设项目概况；

（二）建设项目周围环境现状；

（三）建设项目对环境可能造成影响的分析、预测和评估；

（四）建设项目环境保护措施及其技术、经济论证；

（五）建设项目对环境影响的经济损益分析；

（六）对建设项目实施环境监测的建议；

（七）环境影响评价的结论。

涉及水土保持的建设项目，还必须有经水行政主管部门审查同意的水土保持方案。

环境影响报告表和环境影响登记表的内容和格式，由国务院环境保护行政主管部门制定。

第十八条 建设项目的环境影响评价，应当避免与规划的环境影响评价相重复。

作为一项整体建设项目的规划，按照建设项目进行环境影响评价，不进行规划的环境影响评价。

已经进行了环境影响评价的规划所包含的具体建设项目，其环境影响评价内容建设单位可以简化。

第十九条 接受委托为建设项目环境影响评价提供技术服务的机构，应当经国务院环境保护行政主管部门考核审查合格后，颁发资质证书，按照资质证书规定的等级和评价范围，从事环境影响评价服务，并对评价结论负责。为建设项目环境影响评价提供技术服务的机构的资质条件和管理办法，由国务院环境保护行政主管部门制定。

国务院环境保护行政主管部门对已取得资质证书的为建设项目环境影响评价提供技术服务的机构的名单，应当予以公布。

为建设项目环境影响评价提供技术服务的机构，不得与负责审批建设项目环境影响评价文件的环境保护行政主管部门或者其他有关审批部门存在任何利益关系。

第二十条　环境影响评价文件中的环境影响报告书或者环境影响报告表，应当由具有相应环境影响评价资质的机构编制。

任何单位和个人不得为建设单位指定对其建设项目进行环境影响评价的机构。

第二十一条　除国家规定需要保密的情形外，对环境可能造成重大影响、应当编制环境影响报告书的建设项目，建设单位应当在报批建设项目环境影响报告书前，举行论证会、听证会，或者采取其他形式，征求有关单位、专家和公众的意见。

建设单位报批的环境影响报告书应当附具对有关单位、专家和公众的意见采纳或者不采纳的说明。

第二十二条　建设项目的环境影响评价文件，由建设单位按照国务院的规定报有审批权的环境保护行政主管部门审批；建设项目有行业主管部门的，其环境影响报告书或者环境影响报告表应当经行业主管部门预审后，报有审批权的环境保护行政主管部门审批。

海洋工程建设项目的海洋环境影响报告书的审批，依照《中华人民共和国海洋环境保护法》的规定办理。

审批部门应当自收到环境影响报告书之日起六十日

内，收到环境影响报告表之日起三十日内，收到环境影响登记表之日起十五日内，分别作出审批决定并书面通知建设单位。

预审、审核、审批建设项目环境影响评价文件，不得收取任何费用。

第二十三条 国务院环境保护行政主管部门负责审批下列建设项目的环境影响评价文件：

（一）核设施、绝密工程等特殊性质的建设项目；

（二）跨省、自治区、直辖市行政区域的建设项目；

（三）由国务院审批的或者由国务院授权有关部门审批的建设项目。

前款规定以外的建设项目的环境影响评价文件的审批权限，由省、自治区、直辖市人民政府规定。

建设项目可能造成跨行政区域的不良环境影响，有关环境保护行政主管部门对该项目的环境影响评价结论有争议的，其环境影响评价文件由共同的上一级环境保护行政主管部门审批。

第二十四条 建设项目的环境影响评价文件经批准后，建设项目的性质、规模、地点、采用的生产工艺或者防治污染、防止生态破坏的措施发生重大变动的，建设单位应当重新报批建设项目的环境影响评价文件。

建设项目的环境影响评价文件自批准之日起超过五年，方决定该项目开工建设的，其环境影响评价文件应当报原审批部门重新审核；原审批部门应当自收到建设项目环境影响评价文件之日起十日内，将审核意见书面通知建设单位。

第二十五条 建设项目的环境影响评价文件未经法律规定的审批部门审查或者审查后未予批准的，该项目审批部门不得批准其建设，建设单位不得开工建设。

第二十六条　建设项目建设过程中，建设单位应当同时实施环境影响报告书、环境影响报告表以及环境影响评价文件审批部门审批意见中提出的环境保护对策措施。

第二十七条　在项目建设、运行过程中产生不符合经审批的环境影响评价文件的情形的，建设单位应当组织环境影响的后评价，采取改进措施，并报原环境影响评价文件审批部门和建设项目审批部门备案；原环境影响评价文件审批部门也可以责成建设单位进行环境影响的后评价，采取改进措施。

第二十八条　环境保护行政主管部门应当对建设项目投入生产或者使用后所产生的环境影响进行跟踪检查，对造成严重环境污染或者生态破坏的，应当查清原因、查明责任。对属于为建设项目环境影响评价提供技术服务的机构编制不实的环境影响评价文件的，依照本法第三十三条的规定追究其法律责任；属于审批部门工作人员失职、渎职，对依法不应批准的建设项目环境影响评价文件予以批准的，依照本法第三十五条的规定追究其法律责任。

第四章　法律责任

第二十九条　规划编制机关违反本法规定，组织环境影响评价时弄虚作假或者有失职行为，造成环境影响评价严重失实的，对直接负责的主管人员和其他直接责任人员，由上级机关或者监察机关依法给予行政处分。

第三十条　规划审批机关对依法应当编写有关环境影响的篇章或者说明而未编写的规划草案，依法应当附送环境影响报告书而未附送的专项规划草案，违法予以批准的，对直接负责的主管人员和其他直接责任人员，由上级机关或者监察机关依法给予行政处分。

第三十一条 建设单位未依法报批建设项目环境影响评价文件，或者未依照本法第二十四条的规定重新报批或者报请重新审核环境影响评价文件，擅自开工建设的，由有权审批该项目环境影响评价文件的环境保护行政主管部门责令停止建设，限期补办手续；逾期不补办手续的，可以处五万元以上二十万元以下的罚款，对建设单位直接负责的主管人员和其他直接责任人员，依法给予行政处分。

建设项目环境影响评价文件未经批准或者未经原审批部门重新审核同意，建设单位擅自开工建设的，由有权审批该项目环境影响评价文件的环境保护行政主管部门责令停止建设，可以处五万元以上二十万元以下的罚款，对建设单位直接负责的主管人员和其他直接责任人员，依法给予行政处分。

海洋工程建设项目的建设单位有前两款所列违法行为的，依照《中华人民共和国海洋环境保护法》的规定处罚。

第三十二条 建设项目依法应当进行环境影响评价而未评价，或者环境影响评价文件未经依法批准，审批部门擅自批准该项目建设的，对直接负责的主管人员和其他直接责任人员，由上级机关或者监察机关依法给予行政处分；构成犯罪的，依法追究刑事责任。

第三十三条 接受委托为建设项目环境影响评价提供技术服务的机构在环境影响评价工作中不负责任或者弄虚作假，致使环境影响评价文件失实的，由授予环境